別冊 淡海《おうみ》文庫 26

サンライズ出版

栗東市の左義長からみる地域社会

笠井賢紀 著

協力 栗東歴史民俗博物館
龍谷大学コミュニティマネジメント実習

SUNRISE

はじめに——本書の特徴と全国の読者へ向けて

左義長と向き合う一冊の本として

日本全国に左義長《さぎちょう》やどんどなどと呼ばれる行事があります。ピンと来ない方も、「燃やした書き初めが空高く舞い上がると、字がうまくなると言われている行事がありますね」と聞くと、「あれのことか」と思われるかもしれません。あるいは門松や注連《しめ》飾りなどの正月飾りを神社や公民館に持っていって燃やしてもらうことがあります。そうした、正月に関係のあるいろいろなものを燃やす行事が本書のテーマです。行事の名前にはかなりの種類がありますが、本書ではとりあえず左義長と呼んで話を進めていきます。

左義長は全国各地で古くから行われている行事ですから、関係する記録や研究も膨大にあります。ところが、一冊のまとまった書籍として左義長に正面から向き合ったものは、ほとんどみつかりません。たとえば年中行事や民俗を全般的に紹介するコーナーで説明があったり、あるいは短い学術的な論文で扱われたりするのが一般的です。本書は「栗東市の」という限定がついていますが、一冊まるごと左義長を扱ったためずらしい書籍です。「今年から自治会長になったから左義長を担当しなくては……」、「書き初めを燃やすだけの行事じゃなかったの？」、「自分の地域とほかの地域がどう違うか知りたい」など、いろいろな思いに応えられるよう、できるだけ詳しくかつ平易な言葉でまとめるように努めました。

執筆の経緯と思い

本書の著者である私（笠井）は、民俗学ではなく社会学（地域社会論）を専門としている大学教員です。２０１２年から本書の対象地である栗東市で自治体や地域の皆さんとともに地域づくりの実践活動や調査に取り組んできました。そうした中、毎年のように誘っていただき参加していた左義長のことが徐々に気になり始めました。

私は生活史といって、人の暮らしや人生についてお話をうかがい、そのお話を基に地域・社会のことを考えることを仕事にしています。対象地で人生のお話をうかがっていると、幼少期の鮮明な思い出として左義長が何度も登場します。私自身も調査中に体験した「左義長のために藤《ふじ》の地下茎を泥だらけになって掘り出す」という体験は、50年前にはすでに経験されていた楽しい思い出でした。正直、左義長について冒頭に書いた「書き初めを燃やす行事」程度の認識しかなかった私は、驚きをもって皆さんの語りに登場する左義長のエピソードを聞きました。驚きこそが研究の出発点です。「なぜこの時代に、この左義長という行事が今も全国各地で行われ続けているのか」ということと、幼少期の楽しい思い出の語りとは何かつながっている気がしました。

本書では、私が驚きを解き明かしていく過程を読者の皆さんと共有していきます。そうすることで皆さんが、左義長ではなくても、何か地域や暮らしで気になることをみつけたときに自分自身の力で調べ、わくわくしながら明らかにしていく一助になればよいと願っています。

1人の人生や個別の地域から人間社会をみる

日本の、滋賀県の、しかも栗東市というごく限られた地域が対象地ですから、ご自身には直接の関係がないと思われる読者も多いでしょう。しかし、私たち生活史を聞き取る研究者たちは、多かれ少なかれ「人生には社会が埋め込まれている」、あるいは「社会はいろいろな人生から織りなされている」と考えています。1つ目の表現は少しわかりづらいかもしれませんが、ある人の人生を丹念にみていくと、その人が生きてきた社会のことも浮かび上がってくるということです。なぜなら、私たちはあらゆる意味で1人では生きていけず、社会の影響を受け、社会に影響を与えながら人生を送るからです。本書もそもそも1人ずつの人生の語りが出発点でした。そして同様に、栗東市という限られた対象地の暮らしも丹念にみていけば滋賀県や日本が、さらには「人間の暮らし」が浮かび上がってくるに違いありません。

本書の構成

本書の構成を紹介します。第1章では、左義長について歴史や先人たちの研究の成果、あるいは現在各地で行われている有名な事例について概観します。全国的に有名な大きなお祭りとしての左義長だけではなく、各地域で脈々と受け継がれ行われている小さな行事としての左義長までの多様性を理解していただけることでしょう。

第2章から第4章までは、滋賀県栗東《りっとう》市の左義長について3つの調査の結果をそれぞれご紹介します。第2章は昭和末期に栗東町（当時）が行った民俗調査の結果で、左義長だけではなく行事や組織について網羅的に調査されています。30年ほどしか経っていないのに地域の暮らしには大きな違いがあったことに気づかされます。

第3章は、私が学生とともに２０１６年度（同4月～２０１７年3月）に行った生活史調査の結果です。栗東市のなかでもある2つの集落を対象に10名ほどに人生をうかがいました。ここでは特に、左義長が人生の中でどのような位置づけを得ていたかという、やや意外な展開がみられます。私たちは「書き初めを燃やす行事が人生に位置づけられる」という発想さえ持ちませんが、実際にはそのような語りが生み出されていきました。

第4章は、２０１７年度（同4月～２０１８年3月）に私と学生が栗東歴史民俗博物館（栗東市）の協力を得て栗東市の全１２３自治会を対象に行った質問紙調査（アンケート）の結果です。大学と博物館が手を取って調査を行い、それに全自治会の8割以上が回答協力をくださったという、この調査だけでもおもしろい事例だといえます。しかも、調査のテーマは左義長という1つの行事に関するきわめて限定的なものであったにもかかわらず、これだけの反応があったわけです。この調査で用いた質問紙は、昭和末期の民俗調査や私による生活史調査の成果を踏まえて、どのようなことを聞くべきかを丹念に検討して作成しました。市内でも異なるいくつかの地域特性がわかったり、時代の変化にともなう課題も浮き彫りになったりしています。

最後に第5章では、3つの調査を踏まえて、どのような分析が可能かという一例を、私の本来の専門である地域社会論の立場から示してみます。「昔のようになればいいのに」という単純な懐古主義でもなく、「今の時代には必要ないよね」と合理性でもって民俗を切り捨てるのでもなく、左義長がこれまで続いてきたことの意味や、左義長が果たしてきた役割について考えました。

ここで紹介した本書の主要部分はすべて私が執筆しており、すべての文責は私個人にあります。ただし、本書では調査に携わってくれた龍谷大学コミュニティマネジメント実習（社会学部コミュニティマネジメント学科）と栗東歴史民俗博物館にも、それぞれコラムと解説をご担当いただきました。

違いを発見する楽しみ

読み進めていく中で、「これは知っている左義長とは違う」と思う点もたくさんあるはずです。もちろん、私のいたらなさによる不正確な部分は皆無とは言い切れません。しかし、皆さんが発見される「違い」の多くは地域のあり方の多様性によるものです。私も、本書をもって「栗東市の左義長こそが正統」というような主張をするものでは一切ありません。また、本書で紹介していくように、栗東市という範囲においても多くの違いが発見できます。

違いを発見した場合には、「なぜ、この本で描かれている左義長と、私の知っている左義長との間には違いが生まれたのだろうか」という問いを立て、知的好奇心の出発点の1つにされることを強くお勧めします。それでは、栗東市の左義長から地域社会をみていきましょう。

目次

第3章　2016年度の生活史調査から

第4章　２０１７年度の質問紙調査から

凡例
・読みやすさを考慮し、引用にも適宜ルビを付した。
・栗東市の自治会名の読み（ルビ）は、栗東町史編さん委員会編『栗東の歴史』第4巻（資料編1）記載の大字名の読みに依拠した。

第1章 左義長ことはじめ

近江八幡市の左義長まつり（（公社）びわこビジターズビューロー提供）

左義長の由来諸説

「左義長は全国各地で古くから行われている行事」であると書きましたが、実は左義長がいつ始まりどのように広がっていったかは定かではありません。それどころか、なぜ左義長という名前でこのような漢字をあてているのかもよくわかりません。ここでは有名な説をいくつか紹介します。

鎌倉時代の末期に吉田兼好が著したとされる『徒然草《つれづれぐさ》』にはすでに「さぎちやうは、正月に打ちたるぎちやうを、真言院より、神泉苑《しんせんえん》へ出《い》だしてやきあぐるなり」（第180段）などという記述があるようですから、これより以前から行われていたようです。ただし、ここで描かれているのは現在民間で行われている左義長ではなく、当時から宮中で行われていた行事のようです。宮中ではボールをホッケーのスティックのようなもので打つ競技または遊びがあり、そこで用いられるスティックが「毬杖《ぎちょう》」と呼ばれていました。そこで、毬杖を3本立てて燃やす場を作ったために三毬杖《さぎちょう》と呼び、民間に広がる中で左義長という字があてられたという説があります。他方、毬杖はスティックのことだけではなく、転じて競技そのものを呼んでおり、左義長で燃やすものとしてスティックよりもボールの方が関係は深いという考察もあります（櫻井　２０１５）。

　本書でも何度か出てくる柳田國男《やなぎたくにお》（１８７５〜１９６２）は民俗学の創始者として有名で、明治の終わりから昭和にかけて全国各地の民俗についての膨大な資料を遺しています。全集の１つである『定本　柳田國男集』の索引（別巻第５）に掲載されているかぎりにおいても、左義長は全31巻中、14冊26か所に言及があります。関連語である「左義長場」、「鳥小屋」、「サエド焼」、「ホチョジ」も含めると掲載箇所は30か所を超えます。しかし、柳田國男においてもなお、左義長の由来について確言は得られません。なお、本書では今後、『定本　柳田國男集』所収の作品を出典とする場合には「柳田㉑子ども風土記」のように、丸数字で巻数を示します。

　いずれにせよ、左義長は形を変えながらも数百年にわたり継続されており、現在では全国各地で一般的にみられる民俗であるということは言えるでしょう。

左義長の意味

　柳田が描いた明治の終わりから昭和にかけての時代、あるいは現在において、左義長という行事はどのような意味をもつのかを整理してみましょう。左義長の意味を理解するためには、左義長の実施時期が重要です。左義長が行われるのは1月（正月）15日ころの時期です。元日を中心とする大正月《おおしょうがつ》が大年、男の正月などと呼ばれ、15日を中心とする小正月《こしょうがつ》は花正月、望《もち》正月、女の正月などと呼ばれたようです（牧野　2006）。また15日は望の正月、つまり満月でもあり農耕に関する行事も多くみられる重要な日でした。

さて、正月を迎えるにあたり各家庭では門松や注連飾りを飾ります。これらは神を迎える依代《よりしろ》であるという説明があります（小川　2014）。つまり、神がそれぞれの家を訪れてくれるように道しるべや神の居場所として置いているわけです。年を司る神である歳神《としがみ》が家に来ることで、新年が訪れ、人は年を重ねる（数え年）という物語が成り立つわけです。同様に、やはり依代の1つである鏡餅《かがみもち》が子どもたちに分け与えられたことを起源として、「歳魂」が転じて、お年玉という言葉が生まれたという説もあります（永山　1994）。

歳神が各家庭、地上にいたままでは困りますから、物語上は神の世界に帰っていただく必要があります。そこで、依代となっていた注連飾りや門松を焼いたり鏡餅を食べたりします。地域ごとで大きく円錐状《えんすいじょう》に竹を組み、その下の方に各家庭から持ち寄った注連飾りや門松を置き、藁《わら》を燃料として焚《た》き上げます。こうして煙とともに歳神が神の世界に帰るわけです。地域によっては、竹組が燃え崩れるときに恵方《えほう》に倒れるように工夫をしています。これは、恵方とは歳神が帰る方角だからでしょう。さらに竹組が崩れ落ちた後の残り火で各家庭から餅を持ってきて焼いて食べるような地域もあります。それが鏡餅であるかどうかは地域によりますが、いずれにせよ、鏡餅を食べられるのは歳神が鏡餅から抜けた後になります。以上のことから、一般的に左義長を説明する際には、「小正月に行われる神送りの火祭り」ということができるでしょう。

小正月には農耕に関する行事が多いのは先に記したとおりですが、左義長が農耕行事と合わさった意味を持つ場合は豊穣《ほうじょう》の予祝《よしゅく》行事を兼ねます。つまり、実際の収穫より前に豊作を祝ってしまうことで、実際に豊作になることを願うというわけです。

左義長と子ども

地域社会との関係では、左義長が子どもの行事である場合も多いことに注目できます。「柳田㉑こども風土記」では「盆のままごとと正月のドンドン小屋と、今一つの似た点は成長段階、すなわち子供が大人になる境目を、かなりはっきりと区切っていることであった」、「組織ある行動に出ずることは、左義長の子供組も同じであった」と記しています。

ここで「左義長の子供組」について、柳田は「まじめな子供の自治」が行われるもので、15歳になった者を親玉や大将と呼び、ほかの子どもはそれに服するもので、それよりも「年とった者は少しでも干渉せず、実際にまた一つの修練の機会とも認めていたようである」と考えていました。つまり、左義長という行事のある部分まではリーダー格の子を中心とした子どもだけで行うものであり、こうした組織での行動によって修練を積んで大人への階梯《かいてい》を登るという社会観があったようです。

「柳田⑫大白神考《おしらがみこう》」では「小正月の晩などの童児の群で、彼等は心が素直なので昔のままに、之《これ》を神聖なる職分とし、人も亦《また》喜んで迎えたのだが、それすら追々に学校で制止しようとして居る。昔は三毬杖や道祖神勧進《かんじん》の日に限らず、随時に神に誘われて乞食《こじき》することがあったらしい」と記されています。この文は、子どもが純真であることが聖性とつながり、だからこそ神事は子どもが担ったのではないかという推察が読み取れます。ただし「学校で制止」という風潮があったことには注意が必要です。柳田はその理由を記していませんが、大白神考が刊行されたのが1951年であることを考えると、戦後に公教育が子どもの神事へのかかわりを制止しようとしたのは、政教分離の影響もあるのかもしれません。

「柳田⑳小さき者の声」は「左義長は……必ず小児の管轄でありまして、……材料を収集する為に、子供のねだりが一層烈《はげ》しく」（……による省略は引用者）と記しており、材料である竹や藁を子どもたちがねだってくる様子が想像できます。「柳田㉗子安地蔵」は「正月十四十五の左義長には子供等が集まって小屋を掛け、村中を勧進して米銭を貰《もら》い集め」と記しており、集めていたのが材料だけではなく米や金員にも及ぶことがわかります。ちなみに文中にある「小屋」は左義長小屋や鳥小屋と呼ばれますが、左義長準備のために子どもが用いる建物です。左義長の当日に小屋自体を燃やすという場合もあります。

ここまで柳田國男の全集から引用してきましたが、民俗行事と子ども集団の関係については、服部比呂美《ひろみ》による『子ども集団と民俗社会』（服部　２０１０）が詳しく取り上げています。服部は調査を踏まえ、民俗行事における子ども集団について、リーダーの存在と仲間入りの儀礼によって類型化を試みました。服部が示した４類型は、「Ⅰ若者組相似型子ども集団、Ⅱリーダー明確型子ども集団、Ⅲリーダー曖昧型子ども集団、Ⅳ遊び仲間型子ども集団」です。たとえば、子ども集団の上に関連する若者集団が組織されており、特別な呼称を持つリーダーがいて、メンバーシップがはっきりしている場合にはⅠ若者組相似型になりますから、「柳田㉑こども風土記」で描かれた左義長の子どもはまさにこれにあたります。ここで１類型ずつ詳細に説明をすることはできませんが、服部は「地域社会には、子ども集団は一つではなく、複数のタイプが重層的に存在している」ことを示しています。このことは、本書のように左義長と地域社会との関係をみる上では不可欠な視点です。

全国の左義長

本書で詳しく扱うのは滋賀県栗東市の左義長ですが、左義長は全国で行われており、その中には有名なイベントになっているものもあります。同じ滋賀県では、近江八幡《おうみはちまん》市の左義長まつりが特に有名です。主催者である近江八幡観光物産協会のウェブサイトに詳しく書かれているので、情報を整理してみましょう。近江八幡の左義長まつりは江戸時代には1月14日・15日に行われていたものが、太陽暦の採用にともなって3月になり、現在では3月14日・15日に近い土日に開催されています。１７０５年以降の史資料はあるようですが、それ以前からも元来は安土城下で行われていたもので、織田信長も踊り出たとのことです。現在では十二支にちなんだ山車《だし》を食材で作るという特徴的な趣向も凝らされており、山車や松明《たいまつ》を固めて神輿《みこし》のようにして担ぎます。担ぐもの全体を「左義長」と呼ぶそうですから、これまで本書で説明してきた左義長とは様相が異なりますが、祭りの最後にはこの左義長ももちろん燃やされます。

ところで、太陽暦の採用にともない行事の日程が変わるのは、左義長に限った話ではありません。旧来から行われてきた行事は月の満ち欠けを基準とした旧暦（太陰太陽暦）に基づいて日を決めて行われていました。旧暦ではおおよそ毎月の15日が満月（望月）ですから、1月15日を望正月と呼ぶことも違和感のあることではありません。旧暦の特定の日に対応するのが新暦のどの日になるのかということを厳密に調整すると、新暦で毎年行事の日が変わってしまいます。そこで月送りといい、旧暦の月日にちょうど一月《ひとつき》か二月《ふたつき》たした新暦の日に行事を行う場合があります。お

左義長のポスター（左：勝山市、右：近江八幡市）

盆や七夕の日が地域によって1か月違うのは月送りを採用したかどうかによるものです。近江八幡では太陽暦の採用にともなって新暦の1月15日を基準として二月分、逆に送ることで旧暦の1月15日に少しでも近づけようとしたのでしょう。

隣県の福井県では勝山市の勝山左義長が有名です。勝山市商工観光部のウェブサイトによると、1748年が史料で確認できる最初の左義長で、それ以前から行われてきたと考えられるそうです。旧暦1月14日に行われていたものを、現在は2月の最終土日に開催しています。五穀豊穣の願いも込められた歳徳神（歳神）と、竹を3本組んで作る御《ご》幣《へい》、松や竹を組んだ松飾りが用意されます。さらには三町

芸と呼ばれる、素人による歌舞伎《かぶき》、狂言、踊りなど町ごとの出し物が競われてきたようです。2日間の祭りの最後には松飾りに門松や注連飾りなどを取り付けて燃やします。残り火では粥《かゆ》を炊いたり餅をあぶったりするほか、子どもが主役となって唄《うた》を歌ったり灰を体に塗って無病息災を願ったそうです。

神奈川県大磯《おおいそ》町の大磯の左義長も大きなものです。大磯町産業環境部のウェブサイトによると、大磯の左義長(セエトバレエ)は、セエノカミサンと呼ばれる道祖神に関する火祭りということで、歳神の神送りとは異なる物語がここにはみられます。1月7日を過ぎると子どもたちが正月飾りを集めて歩き回り、青年が松や竹を調達するそうです。子ども集団と、その上の若者集団との役割分担は明確であるものの、どの役割をどちらが担うかは地域によって違うようです。セエノカミサンの仮屋を作って子どもが籠《こも》るそうなので、これが左義長小屋の機能を果たすと考えられます。祭りは旧来は1月14日に行われてきましたが、現在は14日前後の土日祝のいずれか1日で行われています。その日の最後、集められた正月飾りや縁起物は、浜辺に立てられた9つのサイトと呼ばれる竹組で焼かれます。恵方から点火し、残り火で団子を食べて息災を願います。恵方に倒すのか、恵方から火をつけるのかといった違いも地域によってあるようです。

全国的に有名な左義長として、近江八幡の左義長まつり、勝山左義長、大磯の左義長の3事例をあげました。ほかにも仙台のどんと祭など多くの例があるでしょう。これらの左義長には県内外から多くの観客も押し寄せます。私はここで「都市祭礼」か「村の祭り」かという分類を用いるとよいのではないかと考えています。この着想は京都の大文字を研究した和崎春日《はるか》から得ています。和崎は都市祭礼の場合、「見る者」「祈る者」といった観客やメッセージの受け手の役割が、決定的に大きいのに対し、村の祭りは全員が「演ずる者」にかかわる直接的な役割を背負っていることが多いという違いを指摘しています（和崎　1987）。この分類に従えば、全国的に有名な左義長であってもその中心には信仰や物語が流れているわけですが、行事全体としては観客の役割が（決定的にとは言えないまでも）相対的には大きく観光イベントの様相も持っています。それに対し、本書で扱っていくような地域ごとの左義長は観る者を意識したものというよりは、まさにかかわる人全員が参加する「演ずる者」になる村の祭りとしての左義長としての性格が強いと言えます。

実は、たとえば近江八幡市内の各地区は、3月の左義長まつりとは別に地区ごとの左義長を1月に行っています。つまり、都市祭礼化した左義長と村の祭りとしての左義長が、同じ市内にも併存しているわけです。都市祭礼化するにいたった左義長には、やはり人を惹《ひ》きつける歴史や仕掛けや人のかかわりがあり、研究対象とするにふさわしいものです。しかし、本書ではあえて村の祭りである左義長を中心に据《す》え、その多様性や共通点を通して地域社会について考えていきます。

コラム

語りの場としての左義長

龍谷大学社会学部2年生　田中颯祐《そうすけ》

2019年1月14日、晴れ渡る空の下、滋賀県栗東市目川地区にて左義長が行われました。私は栗東市民ですが、左義長には参加したことがなく、はじめての参加でこの日を楽しみにしていました。会場に着いてすぐ、左義長の準備を手伝いました。大きな竹に藤の蔓《つる》を用いて藁《わら》を縛り付ける作業や、1つの束になった左義長を支えるための棒の作成作業をしました。

左義長の準備を通じて、「あの時の左義長はこうだった」という話を地域の方からたくさんききました。自分が子どもだったときは、「左義長で燃やす門松を近所から集めてお小遣いをもらっていた」などおもしろい話を聞くことができました。また、地域の方同士で、左義長の過去の話や今年の天候について賑《にぎ》やかに話されていたことが印象的でした。話をうかがったり、地域の方同士が話されているのを見たりする中で、左義長や地域のことを語る場として、左義長が機能しているのではないかと思いました。

私は、大学ではアコースティックギターのサークルに所属しています。そこでは常に自分の好きな音楽などを部員たちと語らう機会が多くあります。

相手に伝えようと言葉にすることで、音楽の魅力を再認識することができます。相手にどう伝えるか考え言葉にすることで、自分の頭の中だけで思っていた魅力とは違った魅力を発見できます。過去の左義長の話であっても、語ることよって、左義長の体験や魅力を再認識することができるのではないでしょうか。左義長は、そういった語りの場を提供しているのではないかと思いました。

左義長場で地域住民と語る筆者（田中）

作業をしながら話をうかがっているうちに準備が終わり、ついに左義長が点火されました。地域の方が持つ左義長に対するエピソードや思いが、1つの炎に集結しているようで見惚《みほ》れました。今年の左義長は、例年より早い段階で倒れてしまったそうです。早く倒れてしまったことを悔しそうに地域の方同士で話されていました。左義長が早く倒れてしまったという今年の話は、来年の左義長でどのような語り方をされるのか気になります。笑い話になっていると予想をし、来年度も必ず参加したいと思っています。

また、地域の方同士で新年の挨拶《あいさつ》をしている姿が多く見受けられました。

左義長が、新年の挨拶をする場としても機能している一面を見つけることができました。私も他の実習生に新年の挨拶を交わして、気持ちよく新年初の実習を迎えることができました。

第2章 昭和末期の民俗調査から

左義長に用いる藁を集めてきた子どもたち（小柿二区、1987年ごろ、栗東歴史民俗博物館提供）

滋賀県栗東市の概要

本章から滋賀県栗東市における調査結果を紹介していきます。各調査結果を紹介するにあたり、栗東市について簡単な説明が必要でしょう。

栗東市は滋賀県南部に位置し、大津市、草津市、守山市、野洲《やす》市、湖南市、甲賀《こうか》市と接する自治体です。滋賀県の自治体ですが、琵琶湖とは接しておらず、琵琶湖がみえる地域もごく限られています。１８８９年の郡区町村編成法により、現在の栗東市域において金勝《こんぜ》村、葉山《はやま》村、治田《はるた》村、大宝《だいほう》村の４村が成立しました。４村は町村合併促進法（１９５３年）にともない、翌１９５４年に合併し栗東町となります。その後、２００１年には同町が合併を経ずに単独で市制施行し現在の栗東市となりました。こうした過程の中で、隣接する草津市に入った地域もありますが、およそ旧４村の村域を合わせたものが現在の市域と重なっており、以前の史資料を用いた検討ができます。

現在でも旧４村の村名は市の住民が地域を呼ぶ際に使われています。小学校は市内に９校ありますが、いずれも旧４村の村名を冠しています（金勝、葉山、葉山東、治田、治田東、治田西、大宝、大宝東、大宝西）。以下、本書では集落名の後に〔金勝〕のように旧村名を補って表記します。

次に、市の特徴を概観しましょう。２０１６年の栗東市人口ビジョンによれば、１９５０年に１万４２４３人（２８４１世帯）であった人口は、２０１０年には６万３６５５人（２万２６１４世帯）まで増え、シミュレーションでは２０４０年代または２０５０年代までは人口増加を続けます。特に地方部では人口減少がすでに始まっている自治体が多い中でめずらしい傾向です。ただし、世帯当たり人員は１９５０年の５・０１人／世帯から２０１０年の２・８１人／世帯へと減り、核家族化の進行がみられるほか、老年人口が１９９０年の７・８パーセントから２０１０年の14・７パーセントへと増えるなど高齢化の兆しもみえています。

同市の人口増加は安定した自然増（出生数が死亡数を上回る）によるもので、２０００年以降毎

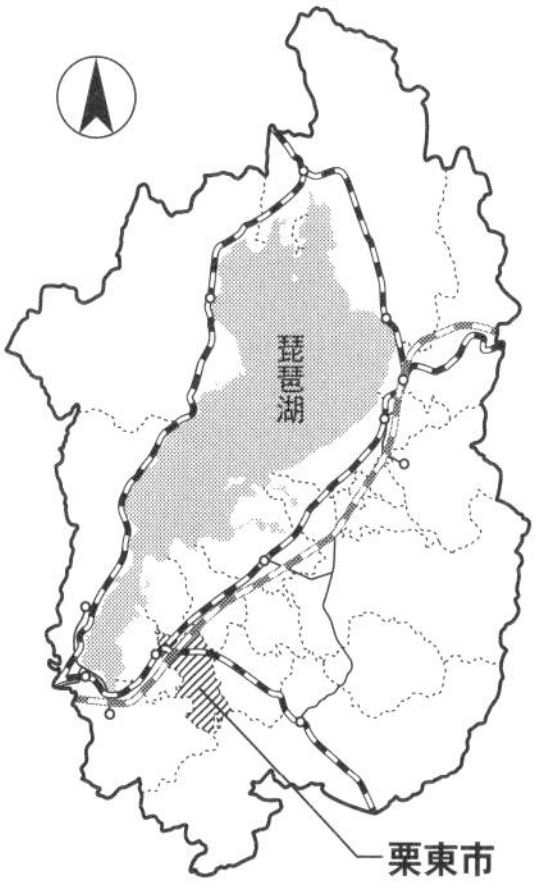

栗東市の位置

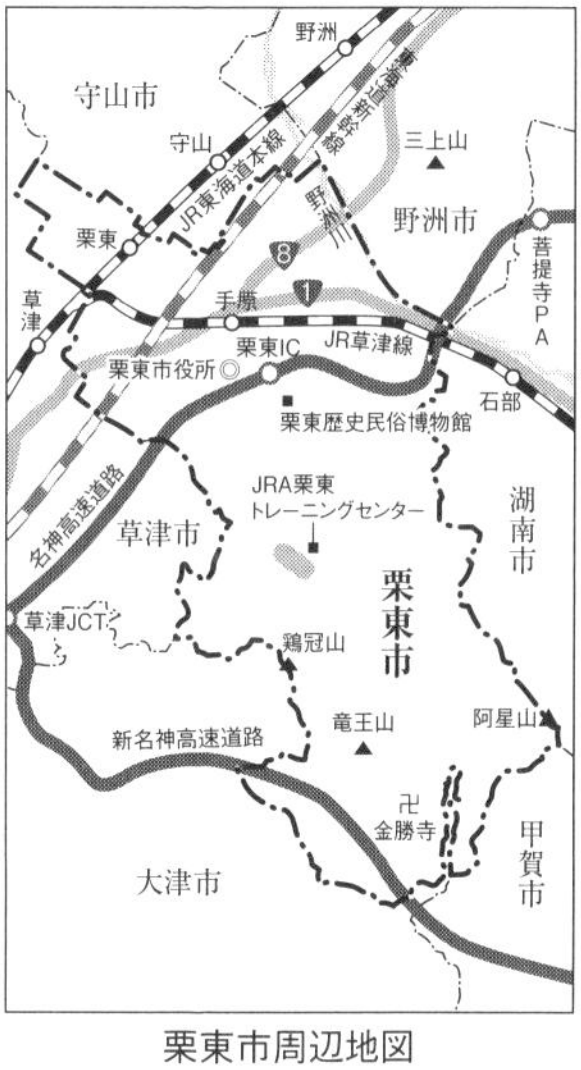

栗東市周辺地図

年500人以上の自然増でした。社会増（転入数が転出数を上回る）も多かったのですが、2010年前後から社会減（転出超過）がみられるようになりました。社会増が多かったのは、1991年に開設した栗東駅周辺を中心に京阪神《けいはんしん》地方へのベッドタウンとしての開発が進んだためでしょう。

栗東市人口ビジョンの「学区別人口増加率と高齢化率」をみると、旧金勝村域は人口増加率が低く減少に転じているのに対し、旧治田村域は人口増加率が比較的高いなど、旧村ごとに特徴が分かれます。

栗東市は市章にインターチェンジを採用していることに象徴的なように、国道1号線、8号線が通る交通の要衝です。古くは旧東海道が市内を通り、市内に宿場町であった地域はないものの、休憩所である立場《たてば》があり、現在も街道を資源として活用するまちづくりがあります。栗東市のまちづくりについては現職の栗東市職員である竹山和弘《かずひろ》の博士論文を基にした著作『まちを楽しくする仕事』に詳しく紹介されています。

以上、みてきたように栗東市は「栗東」という名称を1954年以来、現在まで保ち続けており、市域もほとんど旧4村のまま維持されてきました。それぞれの集落は連綿と続いているものの旧村単位で人口増減の状況が異なるように、民俗を比較調査し地域社会との関係を考察するのにも好適な地域といえます。

民俗調査の概要

本章で取り上げるのは、昭和末期に当時の栗東町が栗東町史『栗東の歴史』編纂《へんさん》などのために行った民俗調査です。１９８０年に刊行された『栗東町史』とは別に、町史編纂事業が１９８３年に始まり、その成果として新たな町史『栗東の歴史』が１９８８年刊行の第１巻から１９９５年刊行の第５巻まで刊行されました。本章で紹介する民俗調査から得られた情報は、主に第４巻（資料編１）に収録されたものと思われます。

民俗調査の記録である栗東町民俗調査票は現在、栗東歴史民俗博物館に旧村単位で４分冊され保管されています。私は２０１７年７月26日に同館を訪れ調査票を転記しました。調査票は表紙に「栗東町○区○（旧○村大字《おおあざ》○）」（○は空欄になっており地名を書く）のほか地区番号、写真整理番号、調査員、調査実施日を記入する欄がありますが、調査地以外の情報は空欄のままにされているものも多く、それらは重要な情報である調査実施日や調査員の氏名がわかりません。調査地は旧村の中でさらに集落ごとに細分化されて行われました。昭和末期の民俗調査と記したのは、調査の正確な年月日が不明なものがあるためです。

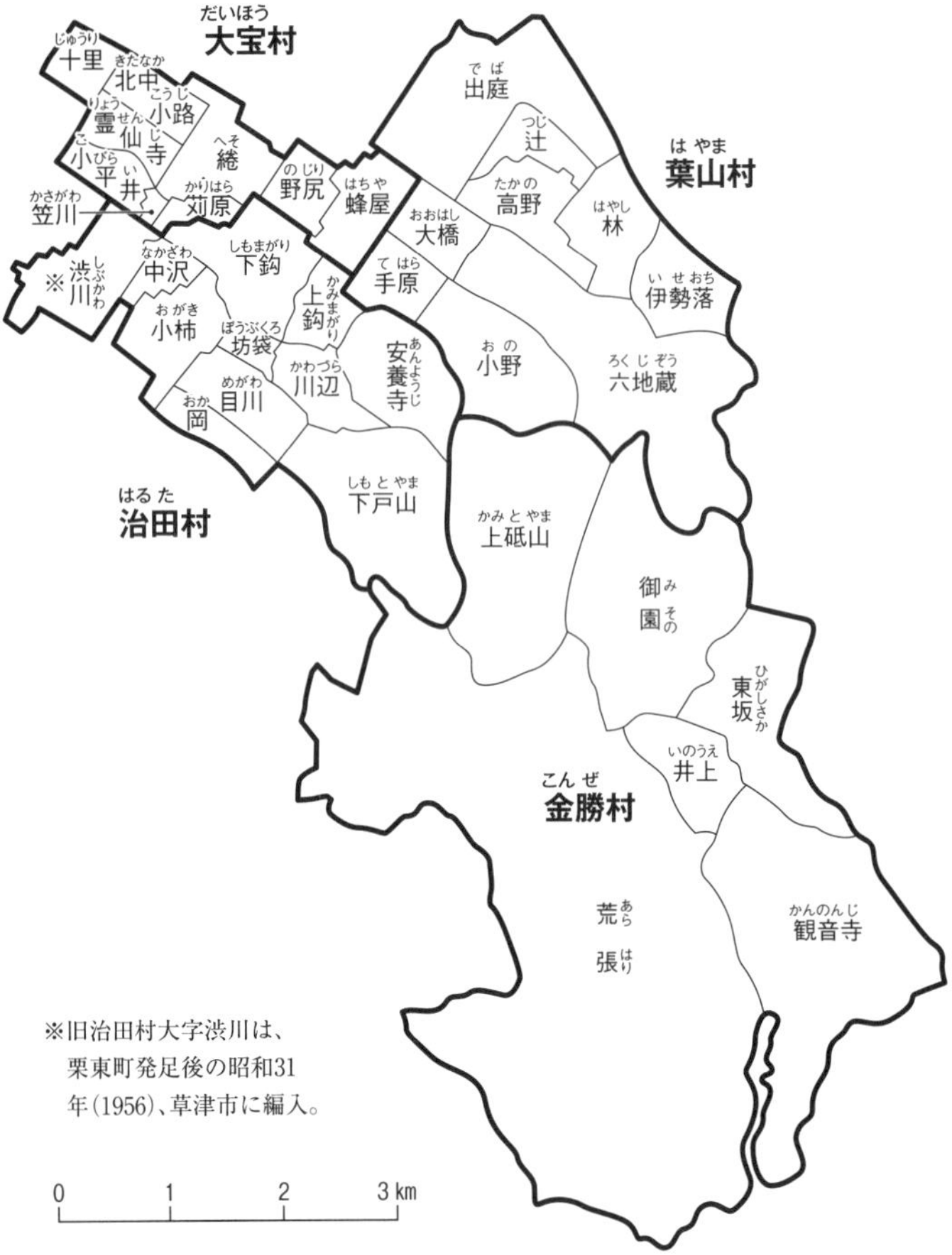

明治22年（1889）における現在の栗東市域の４村と大字

（『栗東の歴史』第３巻掲載の図をもとに作図。読み仮名を追加）

１８８９年に旧４村が成立した際には、金勝に6、葉山に9、治田に11、大宝に9、計35の大字がありました。うち大字渋川《しぶかわ》〔治田〕のみ１９５６年に隣接する草津市に編入したので現在の栗東市域にはありません。さて、１８８９年から昭和末期の民俗調査の時点までで、渋川で１減じたほかには、16の集落が増え、計50の集落があったと考えられます。そのうち、成谷《なるたに》〔金勝〕では調査票が2件作られ、走井《はしり》〔金勝〕・清水ヶ丘《しみずがおか》〔葉山〕・新屋敷《しんやしき》〔治田〕・笠川《かさがわ》〔大宝〕の４集落については調査票が見当たりませんから、調査票は47件残っています。

各調査票は表紙に続いて「1．調査地区概要」、「2．調査地区要図」、「3．住」、「4．食」、「5．衣」、「6．生産」、「7．運輸・交易」、「8．社会生活」、「9．民間信仰」、「10．人の一生A」、「11．人の一生B」、「12．年中行事」、「13．信仰」と13の項目でそれぞれ記録されています。各項目の内容はいずれも興味深いものですが、そのうち特に左義長に関係が深い情報が含まれる可能性の高い1、2、8、12の４項目を転記しました。それらの項目以外のすべてのページにも目を通し、左義長に関する記述をみつけた場合には転記するようにしました。

47件の調査票のうち、「1．調査地区概要」は26件、「2．調査地区要図」は36件、「8．社会生活」（うちA票）は44件、「12．年中行事」は46件について記述がありました。このように、各調査において全項目を網羅したものではありませんし、調査員によって情報収集や記録の広さ・深さには相当の差があります。

『栗東の歴史』にみる左義長の共通点と個別事例

調査票の個別の記述を紹介する前に、民俗調査を経て刊行された『栗東の歴史』第4巻から、左義長に関する記述を引用します。その際、後ほど検証で使うために上砥山《かみとやま》〔金勝〕に関する記述に線を付しました。

小正月の行事　正月三箇日と並んで行事の多いのが小正月である。小正月の前後にはサギッチョが各地で行われる。また、この時期には近隣の甲賀や湖北地域で、春を迎えるオコナイと呼ばれる予祝行事が盛んに行われている。ただし栗東では、この時期にオコナイをする所はほとんどなく、「山の神」のオコナイの場合が多い。（347ページ）

一月十四日から十五日にかけて、各地域でサギッチョが行われている。おおかた子供が主体で、各戸から竹や藁、藤づる等を集め、各地域で円錐形のサギッチョを組む。大人たちも手伝って作り、十四日の夜か十五日の朝に点火するのである。この時、正月飾りや古い御札等を一緒に燃やす。上砥山では古米で団子を作り、サギッチョの火でいって食べると病気にならないという。また、岡・辻越ではこの火で餅を焼いて食べると魔除けになる。山入・蔵町では夏やせしない、美之郷では中風のまじないになるなどといった。また目川では、火の燃え方で一年の作物の吉凶を占った後、アキの方角へサギッチョを倒した。燃え残りの竹は、各戸が持ち帰り、十五日に炊く小豆粥の火種として一緒に燃やした。六地蔵・上砥山ではこの竹を持ち帰り、蛇よけとしたり、山入・辻越では味噌・漬物小屋に置いたり、また蔵町では火の用心として門口に置いたりした。そして翌年小豆粥を炊く時に一緒に燃やした。
（447ページ）

以上のように、市域全体での共通点を簡潔に整理した上で、各集落の事例を紹介するというわかりやすいまとめ方です。なお、引用にある「アキの方角」（明《あき》の方《かた》）は恵方《えほう》、つまり歳神の方角と同じです。

ここで、事例として紹介されている上砥山について、『栗東の歴史』での記述の基になったと思われる調査票を引用してみましょう。『栗東の歴史』の記述によく対応する箇所に線を付しました。

佐義長《ママ》　子供が学校から帰ってきたら、竹・松・梅・しめなわを用意し、佐義長にそなえる。古米（もち米・うるち米半々）で団子をつくって、佐義長の火であぶって焼いたものを食べる。これを食べると病気にならない。また焼け残りの竹をもらって帰り、かまどにそなえたり、おかゆをたいたり、へびのおまじないにしたりする。

このように、昭和末期の民俗調査は『栗東の歴史』によく反映されています。ただし調査票をみればわかるように、上砥山でも「焼け残りの竹をもらって帰り、かまどにそなえたり、おかゆをたいたり」するものの、そうした竹の使い方は蔵町《くらまち》〔金勝〕の事例で代表されています。同様に、残り火で餅を焼いて食べると「中風《ちゅうふう》のまじないになる」といった記述がある美之郷《みのごう》〔金勝〕の調査票は、次のようにより豊かな情報を含んでいます。

左義長　（晩飯後）美之郷で1ヶ所に集まる。しめかざり、門松、古くなったお札を持ち寄り焼く。各々、竹を1～2本持って来てたきぎとする。書き初めも燃やす。竹の先に餅をつきさして1～2個焼き持ち帰って食べる。中風のまじないともいう。竹のすみを持ち帰り、みそのつぼあるいはみそ蔵のところに置いておく。前年持ち帰ったすみでおかゆをたく。

この記述を読むと、左義長の竹組本体を作るためとは別に、当日「たきぎ」にするために竹を各戸が持ってきたことがわかります。また、燃え残りの竹をその年の小豆粥ではなく、『栗東の歴史』にも記されているように翌年の粥に用いている集落があることもわかります。

栗東市域全体で広く行われる左義長

昭和末期の民俗調査で左義長に関する記述がなかった調査票は5件だけです。残る42件のうち41件では左義長が実施されており、１件〔伊勢落《いせおち》（葉山）〕では過去に行われていたものの調査時点では中止されていました。ここで紹介した上砥山・美之郷のような記述が40件近くあるわけですから、『栗東の歴史』だけではわからないさまざまなエピソードがあります。たとえば、今土《いまど》〔葉山〕では「火にあたったら風邪をひかない、しもやけができない」、綣《へそ》〔大宝〕では「竹を火の中に入れて燃やし、燃えてきたら石にぶつけて割って持って帰った」という記述があります。綣の記述内容はイメージしづらいかもしれませんが、左義長を組むのに使っていた竹のうち、焼け残っているものを残り火に入れて加熱してから地面（石）に叩《たた》きつけると破裂音（爆《は》ぜ）が鳴ります。そのようにしてから家に持って帰るという風習です。

そうした中で一部のエピソードしか掲載されなかったのは、なぜでしょうか。また、同じエピソードを持っていても集落名が列挙されなかったのはなぜでしょうか。おそらく『栗東の歴史』の紙幅の問題だけではなく町史という性格上、町内の各集落がまんべんなく事例として登場するように均衡を保ったのではないかと思いますし、そのこと自体は大きな問題ではないと私は考えます。ただし、左義長から地域社会を考えていこうとする私たちは、どの集落でどのように左義長が行われているかを、例示的にではなく網羅的に知る必要がありますから、調査票原本を丁寧に読む必要があったのです。

加えて、昭和末期の民俗調査にはすでに書いているように調査員による差がかなり大きく、比較の限界もありました。たとえば先ほど綣の事例としてあげた「焼け残った竹を叩きつけて破裂音を鳴らせてから持ち帰る」という風習は目川《めがわ》〔治田〕にも伝わっていますが、目川の調査票には書かれていません。また「アキの方角（恵方）に倒す」という目川の方法は隣接する岡《おか》〔治田〕でも同様ですが、やはり岡の調査票にそのような記述はみられません。

昭和末期の民俗調査にみられるさまざまな左義長

では、こうした限界も踏まえながら、『栗東の歴史』には紹介されていない事例を、民俗調査の記録からほかにもいくつか紹介しましょう。

> 昔は部落が総出で（青年団が指揮をとり、小学生が）ワラ、竹を集めて、村の八幡宮境内に於て《ママ》、古札等と共に十四日夕方に焼く。そして、その焼き残りの竹を持ち帰り、十五日の雑煮をその竹で焚《た》いて祝った。豆占、粥等特別な供物はない。（霊仙寺《りょうせんじ》〔大宝〕）

ここで、豆占とは、豆の焼け具合によって収穫や天候を占うものでしょう。

以前は青年団が指揮を執り小学生が藁・竹を集めたという記述は、柳田にみられた子どもの行事としての左義長や、服部が指摘した若者組相似型子ども集団が想起されます。また、実施場所が八幡宮境内であったことは、左義長が神送りの火祭りであるという神事性を思い出せば自然なことです。

神札や門松、注連縄を昔は屋敷はずれの田、今は村はずれの路上で、竹を組みワラ（昔は小学生が集めた）をひっかけて円錐形に組み（組むのは一軒一名総出で行う）藤《ふじ》の木でくくる。点火は宮当番（東西各二名計四名）が行う。（小平井《こびらい》〔大宝〕）

小平井は1つ前にあげた霊仙寺に隣接していますが、神社の境内ではなく、以前は田の中で行われていたようです。左義長の時期には当然、田には稲が植えられていませんから、延焼のおそれが少ない好適な左義長場《ば》だったようです。

藤の木（藤蔓《ふじづる》）を用いていることも記録されています。点火役が宮当番であったことから、やはり左義長の神事性が残っていることがわかります。霊仙寺・小平井とも昭和末期の民俗調査の時点で、すでに子どものかかわりは過去の話でした。

十四日夕方に、ワラを小学生（上級生）が集め、竹三、四本を隅に組み、ワラを用いて積み上げてゆく。場所は共同苗代《なわしろ》の上の端のところ（広場）で行う。組んだりする差配は「水入れ」三人が行う。準備ができると六人衆に許可の言葉をかけて、昔から寺の鐘で合図する。古い札やお守り、正月の飾り物、子供の習字などを燃やす。高さは六から七メートル。かなり燃えてくると竹の燃えさしの端を各自家に持ち帰り、家のカマドで雑煮をたいたりしていた。

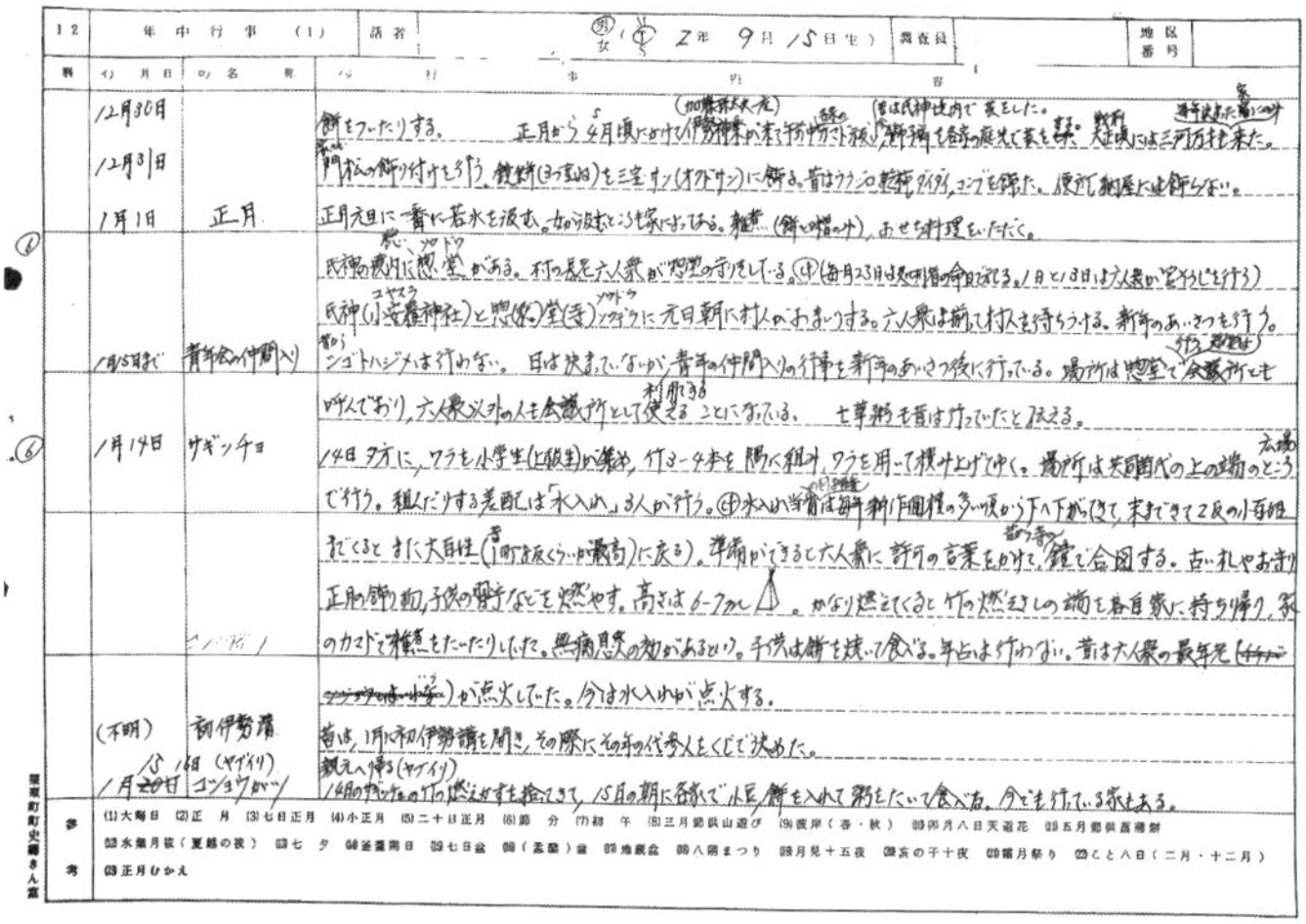

12	年中行事（1）	話者	男 女（ 2年 9月 15日生）	調査員		地区番号	

番	(イ)月日	(ロ)名称	(ハ)行事内容
	12月30日 12月31日 1月1日	正月	餅をついたりする。正月から5月頃にかけて伊勢神楽が来て獅子舞をした。昔は氏神社内で舞をした。大正頃には三河万才も来た。 門松の飾り付けを行う。鏡餅（3つ重ね）を三宝サン（オクドサン）に飾る。昔はウラジロ、ダイダイ、コンブを飾った。便所、納屋には飾らない。 正月元旦に一番に若水を汲む。女が汲むところも家によってある。雑煮（餅と味噌の汁）、おせち料理をいただく。
①			氏神の境内に惣堂がある。村の長老六人衆が惣堂の守りをしている。（毎月23日は惣堂の命日とされる。1月と18日は六人衆が堂そうじを行う） 氏神（小安養神社）と惣（ソウ）堂（寺）ソウドウに元日朝に村人がおまいりする。六人衆は前もって村人を待ちうける。新年のあいさつを行う。
	1月15日まで	青年会の仲間入り	シゴトハジメは行わない。日は決まっていないが、青年の仲間入りの行事を新年のあいさつ後に行っている。場所は惣堂で会議所とも呼んでおり、六人衆以外の人も会議所として使える（利用できる）ことになっている。七草粥も昔は行っていたと伝える。
⑥	1月14日	サギッチョ	14日夕方に、ワラを小学生（上級生）が集め、竹3～4本を円く組み、ワラを用いて積み上げてゆく。場所は共同苗代の上の端のところ（広場）で行う。組んだりする差配は「水入れ」3人が行う。水入れ当番は毎年耕作面積の多い順から下へ下がってきて、末までくると2反の小百姓までくるとまた大百姓（昔1町五反くらいが最高）に戻る。準備ができると六人衆に許可の言葉をかけて、鐘で合図する。古い札やお守り、正月の飾り物、子供の習字などを燃やす。高さは6～7m。かなり燃えてくると竹の燃えさしの端を各自家に持ち帰り、家のカマドで雑煮をたいたりしていた。無病息災の効があるという。子供は餅を焼いて食べる。年占は行わない。昔は六人衆の最年老が点火していた。今は水入れが点火する。
	（不明）	初伊勢講	昔は、1月に初伊勢講を開き、その際にその年の代参人をくじで決めた。
	1月15・16日（ヤブイリ）	コショウガツ	親元へ帰る（ヤブイリ） 14日のサギッチョの竹の燃えかすを拾ってきて、15日の朝に各家で小豆、餅を入れて粥をたいて食べる。今でも行っている家もある。
参考	(1)大晦日 (2)正月 (3)七日正月 (4)小正月 (5)二十日正月 (6)節分 (7)初午 (8)三月節供山遊び (9)彼岸（春・秋） (10)卯月八日天道花 (11)五月節供菖蒲湯 (12)水無月祓（夏越の祓） (13)七夕 (14)釜蓋開日 (15)七日盆 (16)（盂蘭）盆 (17)地蔵盆 (18)八朔まつり (19)月見十五夜 (20)亥の子十夜 (21)霜月祭り (22)こと八日（二月・十二月） (23)正月むかえ		

十里東の調査票（話者・調査者氏名は削除）

無病息災の効があるという。子供は餅を焼いて食べる。年占は行わない。（十里東《じゅうりひがし》〔大宝〕）

ここでは水入れや六人衆といった特別な役割の人たちが登場します。水入れは耕作面積順の輪番制だったそうです。六人衆は集落の年長者から順の6名で「神社と惣堂の管理が任務」と記録に残っています。共同苗代や惣堂といった集落の共有物（コモンズ）があったことがわかります。

ところで、霊仙寺には「豆占はない」、十里東では「年占いは行わない」といった記述がみられます。ほかにも北中小路《きたなかこうじ》〔大宝〕に「年占はない」、中沢《なかざわ》〔治田〕に「アズキガユ、餅等は供えない」とあります。調査では、行われていることは語り部が教えてくれるので記録に残りやすいのですが、このようにその集落では行われていないことが記録として残るためには、調査者があえて確認するための質問をしていなければなりません。実はこれらの4集落は同じ調査員が担当しており、名前から調べるかぎり、その人物は文化財行政や考古資料館勤務の経験もあり多くの調査報告を手がけた専門家だったと思われます。この調査員にとっては「年占」、つまり左義長の燃え方で収穫を占うことが左義長の記録として重要だと考えたのでしょう。確かに、神送りだけではない左義長の役割があったかどうか判断する上で重要な視点だと言えます。

ではさらに続けていくつかの事例をみます。ここでは、火がどこから来てどこへ行くのかに注目してみましょう。そのことに関する記述に線を付します。

十五日の早朝（五時ごろ）小字・瓜生で五メートルぐらいの高さの竹とワラをくくりつけた物を燃やす。ワラは農家よりもらい、竹は購入する。朝、お宮さんに燈明《とうみょう》をともし、その火で点火する。書き初めをさおの先につけてもやし上空高くまい上がれば、腕が上達するという。最後に竹の燃えさしを持ち帰り、ゼンザイを焚く。この日総会（ヨリアイともいう）を開く。〔十里西〔大宝〕〕

各家より、竹一本とワラ数束を集め、宮の当番四人（現在は五人）が準備をする。竹を藤つるでくくって、立て、そのまわりにワラをしき、火を付けた。この時、皆モチを焼いて食した。燃え残った竹は、皆が一本か二本持って帰ってその火で神棚に燈明をあげた。また、その竹は井戸の横に立てかけておき、翌年の小正月に小豆粥を焚くたきつけにした。サギチョの場所は小槻《おつき》と五百井《いおのい》の二箇所（下戸山《しもとやま》〔治田〕）

十四日の夜行われワラや竹をあつめ青年団がそれをフジでしばって神札などを焼いた。この際の火は神社の灯明からもらってくる。十四日ドンドンのところでモチを焼き、それをいただくと一年間元気であるといった。又ドンドンの火をもらってきて家でアズキガユをたいた。（蓮台寺《れんだいじ》〔治田〕）

アキの方の方角の村の田で、昔から子供会（小学校三年～（昔は一年～））が主体となり各家からワラ二束を集めて、それを入札し売って、竹を購入し、三角錐《さんかくすい》に組み（宮の飾りと各家の飾り物、札、子供の書きぞめと）ワラをくくりつけ、点火する。点火する火は昔は宮へもらいに行った。百灯も上げた。今はマッチを供えてからにしている。夜は子供会の年長宅でごちそうする。（宅屋《やけや》〔葉山〕）

このように、神社から火をもらっていて左義長につける集落もあれば、左義長の火を各家庭のかまどや神棚にもらってくる集落もあり、何か異なる物語がありそうです。

下戸山では、「サギチョの場所は小槻と五百井の二箇所」という気になる記述があります。これは小槻大社と五百井神社の2社を示しています。五百井神社の周辺は水害が多かったために、下戸山は現在の小槻大社に近い丘陵地に移転したと伝えられています。移転後も下戸山のうち宮ヶ尻という地区の10軒余りを除いては五百井神社の氏子《うじこ》でしたから、神事である左義長も両社で別々に行われたということでしょう。ちなみに五百井神社は２０１３年9月に台風18号の影響で起きた土砂崩れで甚大な被害を受けましたが、現在は本殿の再建も進められ、２０１８年には修復された神輿も渡されました。

宅屋では、左義長をアキの方（恵方）に倒すのではなく、集落のアキの方にある田を左義長場にしたようです。つまり恵方の扱い方も集落ごとに異なります。さらに、藁を燃料として使うだけではなく、竹を購入する現金を得るために藁をいったん売却している点も注目できます。「田に囲まれた典型的平野型農村である」と記録されている宅屋の地図には、宅地を取り囲む水田は描かれているものの竹林は見当たりませんから、他の集落から買わねばならなかったのかもしれません。なお、百灯は必ずしも正月に行われるものではありませんが、寺社に火を捧げ、農作の無事を願う方法です。

さて、できるかぎり網羅的に各集落の左義長をみていく必要があるとはいえ、やはり本書でも紙幅がたりるものではありません。しかし、本章での整理を通じて左義長を調べるときにはどのような点に注意したらよいかは読者の皆さんにもかなり共有できたと思います。たとえば「左義長場はどこか」、「竹や藁はどのように調達したか」、「点火役は誰か」、「左義長の後に何をするか」、「左義長にはどのような意味があるか」といった点がありました。

こうしたことを踏まえて、私は栗東市域全体を対象とした質問紙調査を行うことにしました。ただし、質問紙調査の質問を決める際に、昭和末期の民俗調査だけではこの30年間の変化に関することがわかりませんから、次章で紹介する生活史調査を行いました。

コラム

「かたつむ邸」で未来を紡ぐ

龍谷大学社会学部3年生　冨永燦子《あかね》

滋賀県栗東市目川・岡には「かたつむ邸」というう少し不思議な名前の建物があります。旧東海道沿いにあるかたつむ邸の前には、その名前が彫られた看板や目川・岡地域を紹介したパネル、腰掛けられるように置かれた床几《しょうぎ》があります。さらに「ご自由にお入りください」と書かれた案内板も立っています。

この誰もがふらりと立ち寄りたくなる建物は龍谷大学社会学部コミュニティマネジメント学科の授業である「かたつむプロジェクト in 栗東」として民家の一部をお借りして活動拠点としている場所です。かたつむ邸の前にある看板やパネルは地域の人と学生が一緒に用意しました。

建物とプロジェクトに使用されている「かたつむ」という名称には2つの思いが込められています。1つ目にカタツムリのようにゆっくりと丁寧に語らおうということ、そして2つ目に「語りから未来を紡ぐ」ということです。語りから未来を紡ぐとは、過去・現在について語られることをきとり、未来へとつなげるという思いが込められています。過去について語るとき、その振り返り方は人それぞれです。同様にこれから先の未来についても数えきれないくらいたくさんの可能性に満《み》ち溢《あふ》れています。そしてそれは過去・現在の語りから糸が紡がれるように未来へとつながっているのです。

語りから未来を紡ぐ実践として「かたつむプロジェクト」があります。かたつむプロジェクトでは龍谷大学の学生が、目川・岡地域を中心に地域の方と一緒に活動を行ってきました。かたつむプロジェクトが始まったのは２０１２年のことです。学生が地域の人と一緒に目川・岡のまちあるきをするところから始まりました。それから学生たちは入れ替わりながらも継続して目川・岡地域に通いました。そこで、見たり、聞いたり、感じたりしたことをもとに学生たちは地域の人と一緒に企画を立てたりイベントの運営を行ってきました。「地域の人と学生が関係を築き、一緒にまちを作るのだ」という思いを持って学生たちは活動しました。

かたつむ邸で行われる音楽イベントをのぞく少年
(2018年の東海道ほっこりまつりにて)

語りをききとることが相手の心に寄り添うことにつながり、そうすることで相手にとって必要なことがわかり、他の場所に住む学生が地域の人を巻き込みながら活動することができるのだと思います。簡単なことのようにも感じますが、話を聞いてそのことをもとに実践することは難しく、時間をかけて行う必要があります。この実践をするためには誰でも気軽に立ち寄れる場所が必要となります。それこそがかたつむ邸です。

第3章 2016年度の生活史調査から

栗東市目川の左義長（2017年1月15日、著者撮影）

生活史調査の概要

生活史法に取り組む社会学者の岸政彦《まさひこ》は次のように述べています。

個人を通して社会を考え、社会を通して個人を理解する。私たちは、頼んでもいないのに特定の時代の特定の場所で生まれ、あらかじめ決められた狭い条件のなかで、それでもせめてよりよく生きようと、必死で暮らしている。生活史を聞き取ることで私たちは、私たちの人生のもろもろが、ひとりだけの問題ではなく、社会的な問題であること、あるいはまた、社会的な問題は、それぞれひとりひとりの人生のなかで経験されることに気づく。

(岸　2018)

左義長に関する調査であれば「この地域における左義長の意味は何ですか」、「この地域では誰が左義長に点火しますか」といった質問ももちろん意味があることです。しかし、私が取り組んだのは生活史法による調査です。つまり、お1人ずつの人生についてうかがい、その人生に左義長がどのように位置づけられているかを明らかにしていきます。同時に、お１人ずつの経験がどのように地域社会とつながっているかも考えます。とはいえ、普段の生活で日々左義長に思いを馳《は》せている方はいらっしゃらないので、「左義長について話をうかがいますが、そのほかのことも含めて小さかったころからのお話をしてください」というような依頼をしています。

私が行った生活史調査「左義長に生活様式の変化をみる：栗東市目川《めがわ》・岡《おか》地域を事例として」は、日本生活学会の「２０１６年度生活学プロジェクト」としての認定を受け栗東市の目川と岡で実施しました。目川・岡はともに旧治田村の集落で、旧東海道が通っていました。街道の往来があった時代には立場《たてば》と呼ばれる休憩所にあたり、豆腐に味噌を塗って焼いた目川田楽《でんがく》と菜飯《なめし》が旅人の人気を博したようです。そのほか目川瓢箪《ひょうたん》などの加工品もありますが、おおよそ田畑を耕す生活でした。つい数十年前までは、街道筋に宅地が集まり、その周りは田畑で囲まれていました。近年では両地区ともに開発が進み、田畑であった場所も宅地に変わりつつあります。特に目川は自治会として栗東市域全体でも最大の人口を抱えるまでになりました。

両地区は東海道の景観を地域住民自らが考えていこうとし、東海道に思いを馳せる契機として、毎年10月に「東海道ほっこりまつり」という祭りを共同の実行委員会で開催しています。私も２０１２年に龍谷大学に赴任して以来、このまつりを学生とともに共催しており、調査時点までに一定の信頼関係が構築されていました。また、両地区の左義長には２０１３年１月に開催されたものから断続的に何度か参加してきました。

さて、生活史調査においては両自治会長からのご紹介を受け8組10人に協力を得ました。内訳は目川が3組5人、岡が5組5人です。調査時の年齢は62歳から85歳までと高齢者に偏っています。また、10名全員が男性で性別の偏りもありました。これは、自治会長が「左義長の話を聞くのであれば、『正しい左義長』がわかる高齢者がいい」と考えたことと、後ほど紹介するように「左義長は男の子の行事」という印象をもっていたためだと思います。そのため、いわゆる郷土史家で地域の歴史を独自に調べ貴重な史資料をお持ちの方も含まれていました。他方、「私なんかでは左義長の話はできない」と躊躇《ちゅうちょ》される方もいました。そういった方には「地域での左義長の位置づけを知りたいだけなので、ご本人の思い出話を聞かせて下されば十分」と伝えて話をうかがいました。実際のところ、第1章でみたように、左義長の起源は明らかではありませんし、当地にもいつから始まったのかという史資料は残されていないので「正しい左義長」を知ることは現実的ではありません。

本章では10名の方全員のすべての話をご紹介するのは難しいですが、特に第2章の民俗調査だけではわからなかった点について、できるだけ生の声のまま紹介していきましょう。なお、すべての調査には、龍谷大学社会学部の実習科目「コミュニティマネジメント実習」(語りから未来を紡ぐプロジェクト in 栗東)の受講生(当時)だった天野言美《ことみ》さんが同行しました。

左義長の起源

私たちが初めに訪ねたのは岡の郷土史家で氏子総代も務めるＫＹさん（76歳）です。２０１６年12月16日に岡自治会長に同伴いただき、ご自宅にてお話をうかがいました。ＫＹさんは、すでに左義長について独自に研究しまとめた資料を用意されていました。冒頭のやりとりをみてみましょう。

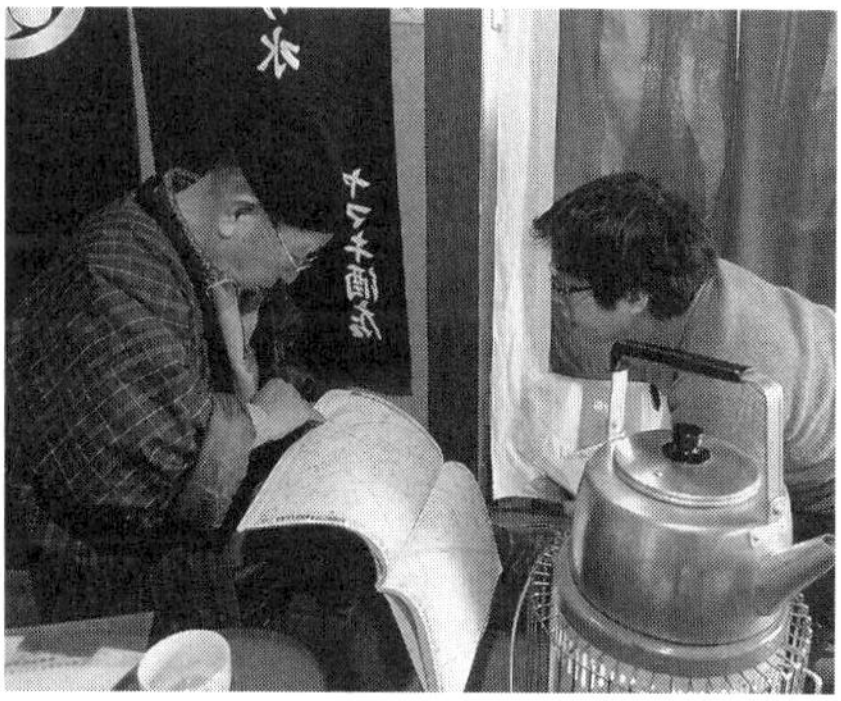
地図を見ながら話をうかがう様子

――Ｋさんが少年時代には左義長はすでにやられていて、Ｋさんも子どもの仕事として取り組まれてたんですか。

ＫＹ「もうそういうもんやと思ってた。考えることもないし言うこともないし、子どもで思ったこともない。なんで子どもがせんとならんのかとか、私も分からんかった。正月３日明けたら藤伐《き》り行くっていってな、そういうことになっとったんで、３年生ぐらいから行ったんかな」

独自に調査もすすめ郷土史に関する本を編んでいるKYさんでも、左義長の起源もなぜ子どもがやるのかもわかりません。

左義長に関する子どもの役割

隣接する目川の郷土史家であるTKさん（2017年1月13日調査、85歳）にも話を聞きました。

TK「左義長の準備ですけれども、もっぱら小学校の児童（の担当）でした。昔は小学校に高等科っていうものがありました。小学校初等科は6年生までで、2年、高等科がありました。合計しますと8年ということになります。そういう中で小学校の

史料を見ながら話をうかがう様子

児童として左義長の準備にかかっとったわけです。

で、その準備は具体的にどんなことをするのかといいますと、金勝川《こんぜ》の堤防に生えてる竹やとか、樫《かし》——樫っていうのは落葉樹の硬い木でしてね〔樫は常緑樹であるため楢《なら》のことか〕——それが生えてました。それと椋《むく》——椋っていうと藪のとこにいっぱい生えてますけども——そういうのを柴《しば》を燃やす燃料として柴刈りをしてました。で、それをまずさせてもろうて、いわゆる焚《た》き火《び》の材料としてかかってた。それがまず第一番。それができると、今度は竹と藁とを集めに回るという役目ですね。竹藪《たけやぶ》には所有者がいますから、竹を切ってもらって、それを子どもらが運んで、当日まできちんと置いておくんです」

やはり子どものころから取り組んでいたようです。左義長を行うのが「小学校3、4年生から中学校2年生まで」という語りがほかによく聞かれました。中学校2年生までである理由を「中学3年生は受験があるからではないか」と推測される語り手もいましたが、TKさんの語りに基づくと〔尋常小学校6年間に続く〕高等小学校——あるいは〔国民学校初等科6年間に続く〕国民学校高等科2年——という昔の学制の名残で14歳までだったのかもしれません。

また、竹を集める前には柴刈りがあったようです。柴刈りは〔芝刈りとは異なり〕燃やすための枝や細い木を集めてくる作業です。左義長では本体を燃やすための燃料としての藁だけではなく、左義長の資材を夜通しで見張ったり集まった人たちが暖を取ったりするために焚き火をするからです。

竹藪は以前たくさんあったようですが、すべての家が所有しているわけでも、あるいは皆で共有しているわけでもありませんでした。ですから、所有者から許可を得たり、竹藪が減ってきてからは区長（自治会長）から所有者に依頼をしたりして切らせてもらっていました。

——子どもたちが運んでいく。

ＴＫ「そうそう、大人たちは運んでません」

——子どもっていうのは、男の子も女の子も関係なくみんなですか。

ＴＫ「男の子です。女の子はおりませんね」

——ここの下に流れてる川を「藪の下」って呼ぶ方いるでしょう。あれは竹藪がたくさんあったからですか。

ＴＫ「結局ね、あれも藪の下っていう名前も川の通称です。今おっしゃったように藪があったから藪の下という呼び方です」

１９６０年代の都市計画まで、多くの家が田畑を所有し、竹や藁も生活に身近なものでした。竹はキュウリなどの蔓《つる》の支柱として用いたり、藁は茶摘みや草刈りに用いる籠《かご》にしたりと、左義長以外にも多くの用途がありました。ＴＫさんの地域では、各家庭が男1名につき竹1本、女1名につき藁1束（ただし、竹や藁がない非農家は現金）を左義長のために用意し、子どもたちがそれを集めて回りました。

ＴＫ「昔やったら1月14日の晩ですので1週間前から、早い人だと2週間前から準備作業に取り掛かってました。子どもどうしでよく喧嘩《けんか》してました。「南の方の奴は早く柴刈ってきよったぞ！　負けたらあかんぞ！」とか」

１９５０年ころまでは目川では北出《きたで》・中出《なかで》・南出《みなみで》という3地区に分かれて左義長を立てていました。現在では1か所で行っています。ＴＫさんは中出ですから「南の方（南出）の奴は」というような言葉が記憶に残っているのでしょう。当時の子どもたちにとって左義長が1週間前から競って立てるような熱中できる行事であったことがわかります。

左義長の実施日と「成人の日」

同じ目川で、ＴＫさんより15歳以上若い２名の自治会長経験者ＭＵさん（66歳、中出）とＭＯさん（69歳、北出）に、左義長の日（２０１７年１月15日）に話を聞きました。

ＭＯ「その間ね、柴がその当時は――何て言うのかな――、盗《と》られたらあかんの（笑）。前日の夜あたりからそれこそ子どもらが寄って、「まだ向こうおるね」とか言うて。「こらあかんわ」って。まあ、夜通しやった記憶はあんまりないけどね」

ＭＵ「あの頃は毎年、岡と一緒で14日の夜に」

ＭＯ「15日が成人の日でね、必ず休みだったでしょ。だから14日の夜やったね」

ここで、「成人の日」について、読者の世代によっては説明が必要でしょう。左義長は小正月の行事であり、１月15日あるいは前日の14日に行われることが多いことはすでに説明しました。１９４８年の祝日法によって１月15日が「成人の日」として祝日となったので、戦後半世紀余りは１月14日の夜は必ず休日の前夜であったため、職業に関係なく左義長に参加しやすかったのです。ところが、「国民の祝日に関する法律の一部を改正する法律」によって、成人の日は２０００年以降、１月第２月曜日へと移動しました。いわゆるハッピーマンデーです。これにより、１月15日が休日とは限られなくなったため、職業・年齢・家族構成によっては参加が困難になりました。

左義長をめぐる地区間の関係

さて、先の調査の６日後に、目川のＭＯさんの弟ＨＯさん（66歳）とその同級生のＣＡさん（66歳）を訪ねました。


――暖を取るための柴刈りをしていたんじゃないかって聞いたんですね。

ＨＯ「それも兼ねたんじゃないかな」

――（燃料としてと暖を取るための）両方。

ＣＡ「そやと思いますわ」

ＨＯ「僕ら記憶あるのは、その燃えやすい……。（柴として刈ってきた）忍竹《しのびだけ》も上の方、くくってなかった？」

ＣＡ「うん。とにかく目川は３つありましたやんか。競争みたいになっててね。晩に柴盗りに来よっからって、見張ってなあかんって、ほんまに」

――実際に盗りに来る人っていたんですか。

ＨＯ「いないいない」

ＣＡ「いた気がするんやけどなぁ」

岡のＭＯさん（２０１７年1月14日調査、83歳）にも話を聞きました。

ＭＯ「堤防行ってね、藤の根を起こしてね。イチョウの木がありますから、藤をつないで。お寺の。それと竹を集めたり、藁を集めたり、非農家の方からはお金を集めたり。それを先輩がね、学年によって分けてくれるんです」

ＭＯ「藤蔓を起こすのとね。薪《たきぎ》を集めるのが。悪いことしてね、夜に目川の薪を盗ってきてね」

――それは悪いですね（笑）。目川の子とは喧嘩にならないんですか。

ＭＯ「ばれてない」

目川の３か所だけではなく、集落を越えて子どもどうしの競い合いがあったようです。

左義長と女性

ところで、私たちの調査はいずれもご自宅にお邪魔して、生い立ちから始まり30～40分の人生の話をうかがった後にようやく左義長の話に入り、合わせて２時間ほどになることが多かったのです。そのため、途中から私たちのためにお茶や茶菓子をお連れ合いや娘さんが出してくださることもよくありました。そうしたとき、いずれの場合にもご家族は話に加わります。

すでに紹介した目川の郷土史家ＴＫさんのお連れ合いは、私がＴＫさんに「子どもの行事っていうような印象なんですかね」と問いかけたとき、すかさず横から「ほんで、女の子はないよ。男の子ばっかり。男尊女卑やからな」と答えました。是非はともかくとして、神事においては女性が参加できない事例はめずらしくありません。また、同地には小正月の時期に他地区から嫁いできた女性が実家に帰る風習もあり、これを藪入りと呼んでいました。大津市出身で毎年藪入りしていたＴＫさんのお連れ合いが左義長当日のことをよく知らなかった可能性もあります。ただし、確かに今でも目川で藤蔓を採ったり竹を切ったり左義長を立てたりするのは男性の仕事で、左義長を立てている間に甘酒を来場者に振る舞うのが女性という役割分担はみられます。

他方、岡のＭＯさんの娘さん（１９６７年生まれ）は、左義長の準備に子ども会として男児と区別なくかかわった思い出があるそうです。彼女が左義長にかかわっていたのを覚えているのは小学校卒業の１９７９年までです。調査に同席した自治会長のお子さんは１９７２年生まれですから5年の差がありますが、そのときにはすでに子ども会が左義長をやることはなくなっていたという記憶があるそうで、これが正しければ左義長が子どもたちの手を離れたのは岡では１９８０年前後のことです。岡で子ども会を設立したという別の女性に話をうかがうと、子ども会ができる前は、子どもは担当していなかったといいます。子ども会設立以前にも、一時期、大人が担当した時期があったのかもしれません。

左義長と子ども

実は、この「左義長を子どもたちが担っていたのはいつまでなのか」ということは、聞き取りでは判然としません。目川では、85歳のＫＴさんは１９５３年に川が決壊したころまではないかと考えていましたが、69歳のＭＯさんは自分たちのころまで（１９６３年で中学2年）は少なくとも子どもがやっていたので、そのころが最後だろうと考えていました。さらにその弟で66歳のＨＯさんも、自分たちのとき以降はよくわからないといいます。これは左義長が子どもの行事であるからこそ、高校以降はかかわりをほとんど持たず、次にかかわりをもつのは家長になって竹や藁を用意する立場になってからだからでしょう。グループをつくりお金を出し合う伊勢《いせ》講は帳面があるから過去のことがわかるが、左義長は記録を残していないからわからないと語る方もいました。

それにしても、60～70年前の子どものころの話を皆さん、よく覚えています。岡のＭＯさんが藤蔓を寺のイチョウにくくっていたことを話していましたが、ＨＴさん（２０１６年12月17日調査、80歳）もやはり、同じ思い出があるようです。

ＨＴ「藤を使ってた。土手の藤を。正月の休みになると同時にメンバーみんなで寄って毎日藤取りしとった」

――ああ、毎日のように。

ＨＴ「藤取りして、お寺へ貯蔵して、ある一定の日が来たら、それを加工するわけや。ちょうど今お寺にイチョウの木があんねん。イチョウの木に1回くるっとまわして、門前までの距離の長さにして、それで測ったんやわ」

――毎日藤を採りに行くっていうのは、やっぱり長さが必要だからってことですか。

HT「そうそう。藤の根っこを探し回るわけや。ここらへんずっと土手やったからな。まだ川の改修もなかったから。で、左義長はその土手の中でやってた」

この寺は、以前は人が集まる場でもあったし、子どもたちの遊び場でもあったようです。子どもたちは毎朝集合して一緒に通学していました。自治会館ができてからは、人が集まる機能は自治会館に移っていきます。ちなみに、栗東では自治会ができる前は集落の自治機能は農業組合の機能とも合わさって地下《じげ》が担っていました。

左義長と藤蔓

藤蔓は河川が護岸工事などをされる前には、土手を掘って採取することができました（藤蔓を起こす）。地上に出ている蔓ではなく、地下のやや細く湿っている藤蔓を用い、必要に応じて結び合わせて長くしていきます。また、湿り気がたりないものは会場の川や話に出てくる寺の井戸などの水に浸けておきました。丈夫なので大きな左義長を組み上げたり引っ張りあげたりするときにも切れてしまわず、点火した後も水分を含んでいるため最初のうちに焼けてしまうことはない優れた性質が活かされていました。

藤蔓の地下茎を採集する様子

目川では今も藤蔓を使っていますが、岡では採取できる場所がなくなって以降、ホームセンターで針金（番線）を購入して代用しています。岡では左義長を立てる際に、最初に数本ずつの竹の束を３つ立てかけ（ミツマタ）、そこにほかの竹を追加していくという方法を採っています。しかし以前は、数十本の竹を束ねたものをまずは立ててから、その束の脚の部分を開いていくという方法を採っていました。目川は今も後者のスタイルですが、この立て方の場合にはかなり多くの竹（以前は60本ほど、現在は30本ほど）を同時に引っ張りあげなくてはなりません。その際、針金では切れてしまうという話も聞きました。

そのほか、「左義長の火で焼く餅は家で搗《つ》いたものを持ち寄るべきか、主催者が用意して配るべきか」、「人の集まりが悪くなっても14日に実施すべきか、日程を変えて休日に実施すべきか」、「左義長の後、竹は家に持ち帰って何に用いるか。どのような意味があるか」などといったことについてもいろいろな語りを聞くことができました。

しかし、これらは前章まででもある程度扱った内容ですし、生活史調査の目的は「本当の左義長」、「あるべき左義長」を決定することにはありませんので、ここでは割愛《かつあい》します。

左義長の手順

ここまでの情報を整理して、生活史調査における語り手たちが子どもだったころの、目川・岡における左義長の手順について整理しましょう。ただし、そもそも本書は左義長の方法には多様性があるということを重視しています。ここで示す手順はあくまで両地区のものであって普遍的なものではないことに留意し、次章の質問紙調査の結果を読み解くための補助として提示するものです。また、人によって記憶が異なるものもありましたが、ここではモデルとして一つのストーリーにまとめてみました。

小学校4年生から中学校2年生までの子どもたちは、学校が冬休みになると左義長の準備に取りかかります。準備段階で行うのは主に「竹・藁集め」と「藤蔓採取」の２つです。

竹・藁集めでは、集落の各戸を回って竹と藁を提供するように依頼します。この際、各家庭は男性・女性の人数に応じた竹と藁を準備します。非農家などで準備ができない場合は現金を用意します。そのほか、篤志金《とくしきん》として子どもたちにお金を渡す家庭もありました。集まった現金は左義長自体には必要がないため、子どもたちは映画を観に行ったりお菓子を買ったりしたようです。そうした差配については、上級生である中学生たちが取りしきりました。

藤蔓採取は、河川敷や池のほとりで藤の地下茎を探します。地上に出ている蔓は堅く太いため地下茎を掘り出すことが重要です。あまり細いものは翌年以降の左義長のために傷つけないよう気をつけて残しておきます。ちょうどいい太さのものを採取し、川や寺の水路の水に浸けておきます。長さがたりない場合、蔓の先端部を叩いてつぶし、つぶれて柔らかくなった部分を結んでいきます。

集まった竹や藁は各家庭の前に置かれ、子どもたちが取りに行ったり、各家庭が左義長場に運んだりします。子どもたちは左義長前日の晩から左義長場に近い小屋や公民館に集まり、資材が盗まれないように気をつけつつ、子どもたちだけの夜を過ごしました。当日になると、「左義長、立ててくれや」というかけ声とともに集落内をめぐり歩きます。この声に応じた大人たちが左義長を立てに来ます。近くの集落より早く立つか、大きく立派に立つかということも子どもたちの間で競われました。

点火の際には年男、特に12歳になる子どもがいると優先的に点火役に選ばれるようです。点火の後は大人たちの仕事です。左義長場の片付けなどについての子どもたちの思い出はないようです。

左義長の意味

第1章で紹介した左義長に関する諸説、あるいは第2章で紹介した民俗調査の結果からは、左義長には神事としての性格や伝統行事・民俗としての性格があることがわかります。もちろん私の行った生活史調査でもそうした説明は多く聞かれました。しかし、左義長が生活の文脈でおいて語られると異なる様相もみえてきます。

岡の郷土史家KYさんと私とのやりとりをみてみます。

――この神送り的な意味だって（KYさんが資料に）書いてくださっているのは、参加されている方たちはみんな意識されて参加されるんですか。
KY「そんなん（参加者は）知らんなぁ」

――どういう感じでいらっしゃるんでしょうね。

自治会長「しめ飾りとかしたのをどこに持っていったらいいんやろって。それをそこで焼いてもらおうっていうことで大体の人はそういう発想やね」

――小さい頃、参加されていた頃は子どもたちは左義長の意味はどこかで教わるんですか。

ＫＹ「何もない。この時期になったらせんとならんって習慣的に教え込まれてた。親にも行けやって言われて」

自治会長「うちの子どもが小さいときはまだ声掛けあったんや。それで行くとお菓子がもらえるいうてな」

ＫＹ「そういうことがひとつの楽しみやったんや」

――とすると、子どもたちは参加している間は特に意味は考えないわけでしょ。

ＫＹ「そうやな。まあ何事においてもそうやわ」

――いつ気づくんですかね。これはこんな意味のある行事だったのかって。

ＫＹ「そんなん、もう大人になって習うことや」

民俗が続いていく「物語」は大人になってから習うが、それは子どもにとっては単純に楽しいものであったり、ほかに燃やす場所がない正月飾りをある種「処理」するための場所であったりするという点は重要です。民俗継続の原動力として、子ども時代に体験した楽しい思い出をあげている研究もあります（阿部・小川　1996）。

子ども社会における左義長の特別さ

ただし、本章で紹介してきたエピソードをみて「子ども時代にはもっといろいろなイベントがあったはずなのに、この調査は左義長だけに注目しすぎているのではないか」という疑問がわくのではないかと思います。実際、私はこれまで多くの方からそのようなご指摘あるいはご批判を受けてきました。しかし、少なくともこの地域においては左義長に注目してよい理由があると私は考えています。

目川の自治会長経験者であるMOさんとのやりとりをみてみましょう。

――左義長以外にね、子どもたちが一緒に集まって何かやるということは結構あったんですか。左義長以外は。

MO「ないですね。行事というか手伝いで触れに回るのは百灯。「賽銭《さいせん》持って、参っとくれ」

　とかけ声をしながら」

また、目川の郷土史家TKさんとそのお連れ合いとのやりとりも参考になります。

——この辺りで子どもたちがみんなで何か一緒にやる行事っていうのは、この左義長以外にもたくさんあったんですか。それとも左義長ぐらいですか。

TK妻「左義長までに男の子はみんな。女は見下げられてて何もないけど、男の子のところは、男は藁……」

——それは左義長関係のことでしょ。ほかには。

TK「それ以外はなかった」

——じゃあやっぱり、子どもたちが小学校の外で地域とつながるっていうのは左義長が大事なことだったんですかね。

TK妻「そやな、それだけやな。あとは祭りと、お盆は何もなかったしな」

TK「盆踊りも子どもたちの直接のあれはなかったですね」

ここで「祭り」と言われているのは小槻大社の祭礼であり、子どもたちは年齢に応じて役割を与えられ、事前に練習をして臨みます。しかし、練習の場にも大人たちがおり指導を受けるし、子ども自身による創意工夫の余地はありません。

他方、左義長においては、子どもたちだけの社会が立ち現れるのです。そこでは大人ではなく「年上の子」が憧《あこが》れのリーダーになり、集めたお金の配分や、見張りの方針についても子ども社会の中だけで決められていきます。左義長において大人たちは、子どもたちに頼まれた竹や藁を用意し、それらや現金を提供する受動的な立場に過ぎません。当日になると「左義長、立ててくれや〜」という子どものかけ声に再び応じる形で大人たちが出て行き、左義長を立て、燃やしてくれます。

子どもたちは、自分たちだけの世界を味わうほかに、どのような楽しみがあったのでしょう。私は調査をする前には、左義長の迫力に話題が集まるだろうと思っていました。5メートル以上ある竹を数十本組んで立てているものが爆《は》ぜる音とともに燃え上がっていく姿は印象的なためです。しかし、意外なことに当日の左義長の燃焼に関する話題は一切聞かれませんでした。おそらく、燃やす過程には子どもは一切かかわっていないからでしょう。大人になってから行った左義長を立てる作業は受動的なものですから、やはり話題に上りません。

実際に聞かれたのはすでに紹介してきたように、他地区との競い合い、お金の配分、そして藤蔓採りのエピソードです。左義長というイベントを考えたとき、藤蔓は決して主役とは言えない地味なものですが、かかわった人たちの思い出の中では前景に出てくるものでした。岡のＨＴさんの語りです。

——河川改修をやったあと、どこかほかの場所で藤を探せるというのはなかったんですか。

ＨＴ「なかったなぁ。まずここが一番最初に探して、それから徐々に上の方へ登って両岸くらいかな」

——そうすると、なんかこう左義長の話をうかがってると、冬休みに入ったらみんなで藤を採りに行ったたって結構、子どもたちにとってはよい思い出なんじゃないかって思うんですけど。

ＨＴ「そうそう」

——でも、藤採りがなくなっちゃったら、子どもたちの仕事ってのが。

ＨＴ「それ以降っていうのはみんな塾、塾って勉強の方にはしってはる」

河川改修は水害の多かったこの地域では不可欠な事業でしたが、藤蔓採りの経験を失わせることにつながりました。また、河川改修にともない岡の左義長場は転々とすることになります。藤蔓採りと同じように話題にあがったことに柴刈りもあります。目川のＨＯ・ＣＡの同級生コンビの話を聞いてみましょう。文字だけで伝えるのが難しいですが、お2人は子ども時代の話をされるときは、本当に嬉《うれ》しそうに懐かしみながら語っています。

——年末?

CA「一番たいへんだったのはやっぱり柴刈りだったと思うんですわ。出かけていって、束にして運んで持って帰らなきゃいけなかった」

HO「せやな。しんどかったな」

——藤蔓採りは子どもはやらない?

CA「やってました」

——あれもたいへんですよね、子どもたちには。

CA「そうですね、はい」

HO「だけど、あの当時は左義長自体がものすごくもっと大きかったんです。それが、あれで何で今年のあんな細いのがなかなか上がらないんだろうなあ。いや本当に。不思議でしょうがないわ。去年でも半分下敷きになりそうになった人もいる」

——昔はもっと大きかったのに、もっとうまくやってたってことですね。

HO「人がたくさん来てたのか、やり方がもっとうまいのか(笑)」

――柴刈りや藤蔓採りは大人たちはまったく来ないんですか。

ＨＯ「準備は子どもだけやったね。最後、火の守《も》りも朝まで残って。餅焼いたりなんだりして」

ＣＡ「あの頃は河原の土手も草木があって。寝ててね。餅焼いて。親が心配して迎えに来たりして」

――そうですよね。でも、子どもにとっては相当特別な一日じゃないですか。

ＨＯ「それが楽しいんや」

ＣＡ「楽しい、楽しい」

ＨＯ「僕が記憶にあるのは、竹と藁で、家をこしらえて、そこで寒さしのいで火の番をしてた。それは、小学生はだめだったかもわからん。中学生」

――そうすると小学生は憧れますよね。

ＣＡ「ああ、楽しかったですねえ」

――このあたりは女の子は出てこないんですよね。

ＨＯ妻「当日だけ」

左義長の前後の火の番をする建物、つまり「小屋」の話が出てきていますが、栗東ではこれを

「小屋」と称することはあまりなかったようで、「家をこしらえて」と語られています。目川は今では朝に左義長を立てて昼に点火していますが、この2人が子どもだったころには岡と同様に14日の夜に実施していました。なお、岡では自治会館に泊まったという経験も聞かれました。こうして、左義長の日だけ、1年に一度、子どもたちだけで家の外で夜更《よふ》かしして過ごすことができたわけで、確かに思い出に残る体験だったでしょう。

左義長でつながる子どもと地域

同じ2人による次の語りは、本書の関心そのものですのでご紹介しておきましょう。

CA「『地域』という概念は子どもにはない。(子どもの頭にあるのは)『家族』だけじゃないかな。先ほど言われたように、子ども時代にそういう(左義長のように地域とつながる)体験がないと、(地域という概念を手に入れるのは)難しいかなあと」

HO「僕もそのな、左義長にしたって、中学校2年くらい、大人の世界に憧れるでしょ。それが、左義長から先輩どうのこうのとか、そういうのの窓口になってるんじゃないかと僕は思う」

さて、本章では生活史調査からみえてきた左義長の生活上の位置づけ、特に子ども社会にとっての重要性をみてきました。これらの語りは「この地域における左義長の意味は何ですか」、「この地域では誰が左義長に点火しますか」といった質問群では浮かび上がってきません。

また、左義長の話に入る前の生い立ちからのお話は、地域社会の特性を理解するのに欠かせないものでした。たとえば、この地域の農家は牛と鶏を飼っていて家の造りもそれに合わせたものだったこと、藁・藤・竹などの左義長の資材は日常生活においても多種多様に道具づくりに用いられていたこと、天井川の氾濫《はんらん》など水害にさらされてきたこと、旧東海道沿いであることから昔からの家系や伊勢講に代表される講組織が今も連綿と続いていること、本家・分家（当地では分家を「隠居」と呼ぶことが多い）についての語りが今なおよく出てくることなどがあげられます。

私が行った生活史調査には問題点もいくつかあります。古くから続く家の高齢男性のみに話をうかがっていることは特に大きな問題だといえるでしょう。確かに、こうした対象でなければ左義長について十分な話を聞くことはできませんが、より若い世代に――つまり、左義長がおそらく人生に位置づけられることもない世代に――話を聞いたり、高齢者でも女性たちが小正月をどう過ごしたかに焦点を当てて聞いたりすると、より豊かな描写になると考えられます。

コラム

生活史調査に同行して

龍谷大学社会学部卒業生　天野言美《ことみ》

私はこの調査で「左義長」というものを初めて目にしました。言葉は知っていたものの、実際にみたことがなかったのでとても貴重な経験でした。

その左義長にかんする調査の中では、初めて聞く言葉や慣習がたくさんあり、いつもわくわくしながら調査へと同行させてもらっていました。皆さんの語りを聞く中で、ただ純粋に新しい文化に触れられるのが楽しいと思うのと同時に、もう1つ私が調査で楽しみにしていたことがあります。それは、語っている人の表情が見られることです。左義長が楽しかった子ども時代を思い出しながら語るときの懐かしむような表情や、まさに今その当時へ戻ったかのように生き生きとして語られるときの表情がとても魅力的でした。なにより、調査という名目の下ではありましたが、こうして話を聞きだす中で語り手の表情が表れたということに、きっと私は嬉《うれ》しさのようなものを感じていたのだろうと思います。これは語りを聞きだす手法を交えた調査だからこその魅力だとも感じ、数値のデータやグラフから読み取る調査とは違ったおもしろさを改めて発見する機会にもなりました。

2017年に私が同行した左義長の当日は、朝から雪が積もっていたとても寒い日で、ときおり冷たい風で吹雪《ふぶ》く真冬の天候の中で行われました。しかし、雪が降る中ふるまわれた甘酒を片手に、目の前で立派に組み立てられた左義長を眺めながら聞くお話もまた興味深く、素敵なお話をたくさん聞くことができました。夜に行われる左義長は炎が一段と映え、より一層の非日常感がありまし

生活史調査で住民の自宅に訪れる筆者たち（天野・笠井）

た。本当に一日中見て聞いて、そして感じて多くを学んだ日でした。そんな当日の様子を見て、１つ感じたことがあります。それは、この左義長の場もまた未来で語られるであろう思い出の１つとなっているのだということです。

私は、大学卒業とともに故郷の岡山へと住まいを戻し、本書の舞台である栗東市からは距離が離れてしまいました。ですが、２年と少しの間で大勢の人と出会い、とても濃い時間を過ごしたことで、私にとっての第２の故郷だと勝手に思っています。きっと将来どこかでこの栗東の左義長をふと思い出して懐かしく思う日が来るかもしれないと思うと、見えないつながりがあるようですごく嬉しい気持ちでいっぱいです。

第4章
2017年度の質問紙調査から

栗東市辻の左義長（2018年1月14日、辻自治会提供）

質問紙調査の概要

第2章の民俗調査、第3章の生活史調査を経て、私たちは「左義長から地域社会をみるために、どのような視点が必要か」をよりよく理解することができました。民俗調査では、古くから続く行事としての左義長が、どのような物語に基づいて、どのような方法で実践されてきたかがわかりました。生活史調査では、その左義長が個々人の人生にはどのように位置づけられていたのかがわかりました。さらに、民俗調査時点と生活史調査時点との間で流れた30年間は、左義長に関しても私たちの社会の生活様式に関しても、大きな変化の時代だったことも明らかになりました。

これらの調査をする中で、栗東市の職員や住民から「私の地域は目川や岡とは違うやり方だ」、「うちのことも調べてほしい」という情報提供や要望を耳にすることも少なくありませんでした。特に「私の地域では今年を最後に左義長がなくなってしまう」という話をうかがったときに、私は「左義長のあり方（どう実施するか）」に関する変化の段階は終わり、「左義長の存続（実施か廃止か）」に関する変化の段階が始まっていることに気づかされました。

すでに紹介したように、栗東市は旧4村で異なる特徴を持っていますが、民俗調査では多くの集落で左義長という民俗は行われていました。左義長が子ども時代の思い出として重要であることや、左義長の変化には生活の変化が密接にかかわっていることを考えると、異なる状況でありながら、同じ民俗を通じて地域社会や人生について分析できる貴重な事例であると思われました。

　おりしも２０１７年７月11日には、栗東市と龍谷大学との包括連携協定が締結される見込みとなっていました。そこで、同年７月７日に私から栗東歴史民俗博物館に調査協力の依頼を出しています。同博物館には調査協力への快諾《かいだく》をいただき、以降、調査への助言や私の行う調査についての市民からの問い合わせへの対応、そして担当課を通じた質問紙の配布といったさまざまな面で調査を支えていただきました。

栗東市・龍谷大学包括連携協定締結式
（左：入澤学長、右：野村市長）

　私は、民俗調査・生活史調査を踏まえて共通の質問紙を作成し、全自治会に配布し回答を依頼すればよいと考えました。

　対象が自治会長であることについては、その後、学会などでも質問を受けましたから、ここでも説明しておきましょう。左義長は神事でしたから、神社や氏子に調査を行うべきという考え方もあります。しかし、民俗調査の時点ですでに神社や氏子ではなく地下や自治会が担当している事例が多くありました。また、神社は灯明（火）の提供元としてかかわったり、境内を提供したりすることはあっても、主催者となっている事例は市内には数が少ないこともわかりました。さらに、神社の数よりも左義長の数が圧倒的に多いことは目川・岡の生活史調査で明らかでした。目川・岡はその他4つの集落とともに小槻大社という神社の氏子を形成していますが、両集落だけで左義長は4か所で実施されていました。さらに、子ども集団から自治会へと担当が移ったことも生活史調査でわかりました。仮に子ども集団が主体的に行っている場合でも、それは子ども会として自治会の一部に組み込まれていることが多く、自治会に質問紙を送ることで回答が得られます。これらのことを踏まえると、神社や氏子集団に調査を行うよりも、栗東市内の全123自治会に調査を行うのが適切だと言えるでしょう。

質問紙の設問を検討するにあたり、生活史調査では高齢者に限定し生活史を聞いたために、ある時代における左義長の思い出しか聞けなかったという課題があり、これを乗り越えるべきだと考えました。回答者の世代や経験によって左右されないよう、過去の左義長、現在の左義長の両方を知ることができるような設問にすることにしました。過去から現在への変化するものは担い手、日程、場所、資材など、生活史調査で見当がつきます。

こうして、A票「基礎調査」、B票「2018年（平成30年）の左義長について」、C票「過去の左義長について（年表形式）」、D票「左義長に関する地図／今後の左義長について」の4票（各A4判用紙両面1枚、計8面）の質問紙ができあがりました。A票は全自治会が対象ですが、B～D票は、現在または過去の左義長経験に対応して、該当する自治会だけが回答するものです。

特にC票の年表やD票の地図は回答者の負担が大きく、自治会への配布を担う担当課からは「十分な回収率が見込めないのではないか」、「（2018年）4月に新自治会長がそろってから説明会を開いて依頼すべきではないか」という適切な助言をいただきました。しかし、私としては回答者の負担を強いることは申し訳ないものの、負担を減じるために適切な設問を省いてしまうと、結果的に回答者に還元できる知見が不十分なものになると考えました。また、4月に新自治会長に説明を行った場合、左義長を1月に担当した自治会長とは異なるため直近の左義長についての情報が不確かなものになったり、新自治会長から前自治会長にすべて問い合わせなければならないことにより負担が増えたりすることを危惧《きぐ》しました。私のこうした考えについて、栗東歴史民俗博物館が担当課に丁寧に説明をされ、当初の計画どおりに質問紙調査が行われることになりました。

2018年3月5日に担当課を通じて全自治会長に質問紙が配布され、3月25日を第1次回収日としました。未回答の自治会宛に同年5月10日に、簡易回答用の葉書を郵送し回答を促しました。未回答の自治会の多くは、左義長を実施したことがない新しい自治会であると考えられたため、簡易回答用の葉書では左義長の実施経験を選択するだけでよいようにしました。

上向《かみむき》・下向《しもむき》・川南《かわみなみ》の3自治会からは、「3自治会で1つ（上砥山〔金勝〕）として回答する」という連絡があったため、母集団は123から121に減じました。なお、同じ上砥山は自治会とは別に子ども会も左義長をやっているということで、自治会と子ども会がそれぞれ回答をしていますが、本書では混乱を避けるため自治会の回答文のみを含むことにしました。

2018年5月20日の時点で、質問紙による回答が69件、簡易回答用葉書による回答が30、合計99件（82%）からの回答を得ました。自治体による質問紙調査でも回答率が4割前後であることが少なくない中、担当課の心配を越えて多くの自治会が時間と労力を割いて回答に協力くださったことは望外の喜びであるとともに、地域社会の左義長への高い関心がうかがえます。

質問紙A票「基礎調査」の結果

自治会の基礎情報

では、質問紙調査の各設問とその回答結果について紹介していきましょう。以下、設問を「A

1　自治会名称―――99件」のように表記します。件数はその設問に回答したものの件数です。葉書で回答した30件については［A1　自治会名称］、［A5　回答者氏名］、［A12　左義長の実施］、［Z　通信欄］のみですので、その他の設問については回答69件のうちの回答件数ということになります。

最初はA票「基礎調査」です。A票では自治会の名称や成立年度、回答者の氏名や役職、そして左義長の有無や意味、さらには左義長以外の主な催事など18の設問がありました。［A1］から［A4］は回答者の所属する自治会についての設問です。

［A1　自治会名称―――99件］

回答省略

個別の回答は省略しますが、旧村別の回答件数と割合は次のとおりです。金勝15件（88％）、葉山19件（86％）、治田38件（79％）、大宝44件（80％）、全体99件（82％）。

［A2　自治会成立年度―――46件］

回答省略

個別の回答は省略しますが、質問紙による回答69件のうち46件しか回答をしていないのは、自治会の成立年度が不明であったり調べるのがたいへんであったりすることに原因がありそうです。「自治会」という名称ではなくとも、行政機構としての性格がより強かった「区」と呼ばれていたこともあります。あるいは、この地域では前章の生活史でも紹介したように、自治機能と農業組合とが合わさったような「地下《じげ》」と呼ばれる組織があったこともありました。

連綿と続く集落においては「自治会成立年度」を集落の成立年度と考え答えたところもあり、他方で「自治会」という名称を用い始めた年を答えられた集落もあります。ですから、古いものだと「１６０２年」や「江戸時代」という回答も寄せられました。

〔Ａ３　自治会加入率――61件〕および〔Ａ４　自治会参加戸数――66件〕

	平均値	最大値	最小値	中央値
加入率	97％	１００％	69％	１００％
参加戸数	２１７戸	９０６戸	10戸	１６３戸

データで中央値とあるのは、回答の結果を数値の順番に並べたときに真ん中に来る値のことで

す。背の順で並んだときに真ん中に立っている人の身長のようなものですから、平均値とは異なる考え方です。

さて、自治会への加入率は中央値が100％ですから回答した自治会の半分以上（実際には62％）が、集落の全世帯が参加している自治会だということになります。合わせて示した参加戸数については、回答の正確性が低い可能性があります。市が公表している集落ごとの世帯数と、この2つの設問から導かれる集落の世帯数との間に大きな差がある自治会も少なくないからです。理由としては、「参加戸数」が「左義長への参加戸数」だと誤解されたのではないかと考えられます。たとえば、最小値の10戸と回答がある集落は実際には255世帯がおり、自治会加入率は100％で回答されているので、回答が不正確である可能性が高いです。

ですから、ここに示したデータは参考程度です。最大の906戸は目川〈治田〉で、前章の生活史のような古くから続く左義長があると同時にいわゆる「新住民」が多いことがわかります。目川は田畑が宅地になり人口が急増しています。

回答者の基礎情報

［A5］から［A9］の設問は、回答者本人に関するものです。

［Ａ５　氏名――99件］

回答省略

［Ａ６　役職――70件］

会長	副会長	○○部長	その他
62件（89％）	1件（1％）	0件（0％）	7件（10％）

質問紙に答えた方の大半は質問紙配布先である自治会長本人でした。「その他」7件は、「神社の総代」、「評議員」、「宮世話」、「元会長」、「地下世話役」などであり、左義長に詳しい方だと思われます。

［Ａ７　性別――66件］

女性	男性
7件（11％）	59件（89％）

女性7件は全員自治会長ですから、［Ａ６］で「その他」と答えた人の多くが女性だったわけではありません。この結果は、端的に栗東市内の自治会長の多くが男性であるということでしょょ

う。氏名だけでは性別は正確にはわかりませんが、［A７］に回答していない葉書の回答者たちの［A５］の氏名からおおよそ性別を推測してみると、女性は４件、男性は28件ですから［A７］の回答でわかる性別の割合とほぼ同様です。

［A８　年齢――68件］

30代	40代	50代	60代	70代	80代
2件（3％）	8件（12％）	3件（4％）	35件（51％）	17件（25％）	3件（4％）

［A９　左義長への参加・見学経験――48件］

20歳未満	20代	30代	40代	50代	60歳以上
38件（79％）	20件（42％）	22件（46％）	24件（50％）	27件（56％）	31件（65％）

（複数回答可のため合計は１００％にならない）

［A８］は回答者の現在の年齢、［A９］は回答者自身が左義長を経験したことのある年代を聞いています。たとえば、現在30代の人は左義長を40代で経験したとは答えられないため、［A９］の経験世代は後ろに行くほど答えられる人の数が減ることになります。

回答者の年齢と左義長の経験年代

回答年齢	左義長の経験年代 20歳未満	20代	30代	40代	50代	60歳以上	経験なし
30代	1	0	0				1
40代	1	0	1	0			6
50代	1	1	1	1	1		2
60代	24	14	14	14	15	18	8
70代	10	5	6	9	10	11	3
80代	1	0	0	0	1	2	0
合計	38	20	22	24	27	31	20

（筆者作成）

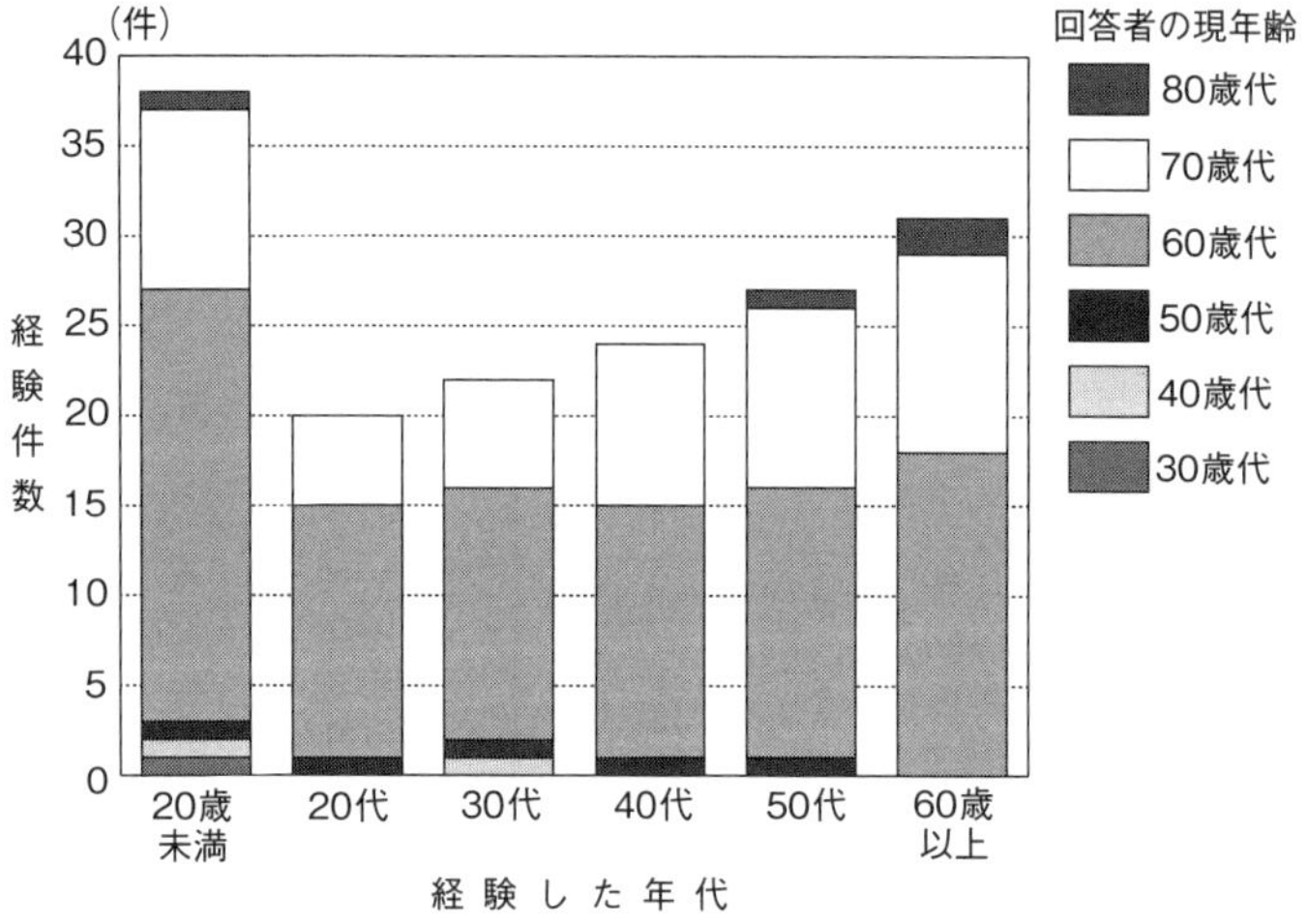

女性7件はいずれも左義長をどの世代においても経験したことがありませんでした。左義長が男性の行事であったという前章のエピソードとも重なります。また、男性59件のうち13件も同様に経験の回答がありませんでした。20歳未満と20代とでは経験したことのある割合が回答者の中でもだいぶ違うことがわかります。前ページの図表をみると、現在60歳以上の世代は20歳未満のときに経験していたものの、20代で激減し、その後年齢を重ねるとともに徐々に参加数が増えていくことがわかります。

ただし、この設問はあくまで参考であり、本来は自治会長に限定せずに広く栗東市民に聞いてみる必要があります。自治会長として参加した年もあるでしょうし、地域行事への参加が熱心な人が自治会長に選ばれているということもよくあるからです。つまり、参加経験は市全体の傾向よりも高めに出ているはずです。

左義長の実施状況と意味

［A10］から［A14］は左義長に関する設問です。

［A10　左義長（小正月の神送りの火祭り）の名称は何ですか――69件］

左義長	どんど／とんど	サイノカミ	その他	開催されたことがない
34件（49％）	4件（6％）	0件（0％）	0件（0％）	31件（45％）

栗東市内で小正月の神送りの火祭りが行われている自治会では、その行事を「左義長」と称することが多いようです。「どんど／とんど」とは竹の組み方が異なるといった説明がなされることもありましたが、竹の組み方による統一的な名称の違いは確認できませんでした。

本設問では「左義長」を選択した場合に、参考に読み方も聞いています。「さぎちょう」とほぼ同数で「さぎっちょ」あるいは「さぎっちょう」と読む自治会がありましたが、自治会としてその読み方で統一されているとはかぎりません。

［A11　もっとも古く開催が確認されるのは何年の左義長ですか――16件］

回答省略

左義長の起源をめぐる質問ですが、回答件数が16件と少ないです。回答の内訳を整理すると、「1711年」が最も古く、明治期が5件、昭和初期から戦前にかけてが5件、戦後が5件でした。これらのうち「確認できる資料」があげられているのは、わずか5件です。「1711年」の自治会は「〇〇村は助郷役《すけごうやく》と記載され八幡宮もあった」、明治期のうち1件は「神社の存在が江戸期以前なので」と回答されています。つまり「神社（宮）があったのだから左義長は当然あっただろう」という推測をされたようです。第1章で述べたように、左義長の起源を確認するのはたいへん困難なことがわかります。

［A12　2018年（平成30年）現在、左義長は行われていますか――98件］

行われたことがない	49件（50％）	【経験なし】
継続的に行われていない	10件（10％）	【過去実施】
今年のみ行われなかった	0件（0％）	
今年から行われ始めた	0件（0％）	
継続的に行われており今年も行った	39件（40％）	【継続実施】

この設問には葉書での回答もありました。そのため、［A10］よりも「行われたことがない」の件数が増えています。なお、99件のうち1件だけは左義長が行われているかどうか自体が不明であるとの回答でした。

2番目の選択肢「継続的に行われていない」は、過去に実施したことがあるものの、現在は行

栗東市の旧村別左義長実施状況

旧村	継続実施	過去実施	経験なし	合計
金勝	12件	0件	3件	15件
	(80%)	(0%)	(20%)	(100%)
葉山	10件	3件	6件	19件
	(53%)	(16%)	(32%)	(100%)
治田	9件	5件	15件	29件
	(31%)	(17%)	(52%)	(100%)
大宝	8件	2件	25件	35件
	(23%)	(6%)	(71%)	(100%)
合計	39件	10件	49件	98件
	(40%)	(10%)	(50%)	(100%)

(筆者作成)

われていないという意味です。これを踏まえて回答をみてみると、一度も経験したことがない自治会と、少なくとも過去に一度は経験したことがある自治会は半分ずつでした。この結果をみると、栗東市を本書の対象地域にしたことが適切であったか疑問を持たれるかもしれません。回収率が高いとはいえ、そもそも質問紙に答えていない自治会が22件あり、さらに回答したうちの半分は左義長を一度も経験したことがないわけです。

そこで、経験していない自治会に何かの共通点がないか確認してみましょう。すでに栗東市は旧村ごとに特徴があることは述べましたので、旧村ごとの実施状況を表にまとめてみました。上の表では、「経験なし」、「過去実施」、「継続実施」と表現してみました。

前ページの表からわかるように金勝では８割が「継続実施」ですが、表の下に行くにつれて「経験なし」の割合が増えていきます。実は「経験なし」のほとんどが１９７０年前後以降にできた団地やマンション、あるいは近年、宅地として開発された地域なのです。

特に１９９１年に栗東駅ができた大宝では多くのマンションが建ちました。大宝の35自治会のうち15件はマンションを単位とした自治会です。また、治田では目川のように田畑が宅地開発された地域も多く、そうした地域では住民が増えるにともない、自治会が新しく組織されていきました。

旧村が成立したころ、昭和末期の民俗調査が行われたころ、そして私が調査した現在ではそれぞれ集落（地下、区、自治会）の数が異なります。実は旧村成立ころの集落を単位としてみれば、左義長を実施した経験がない地域は１つもないのですが、こうしたことは地図を用いて詳しく説明した方がわかりやすいですから、本章の後半であらためて扱うことにしましょう。

「過去実施」の10件には、開催した最後の年も尋ねました。「１９１７年」という１００年前が1件、「１９６０年」が1件ありましたが、そのほかの8件はいずれも平成に入ってからのことですから、昭和末期の民俗調査のころには行われていた集落が多いことがわかります。

左義長を一度でも経験したことがある「継続実施」または「過去実施」の計49件のうち、葉書ではなく質問紙で回答をしたのは38件ですから、以後、左義長を経験した自治会しか答えられな

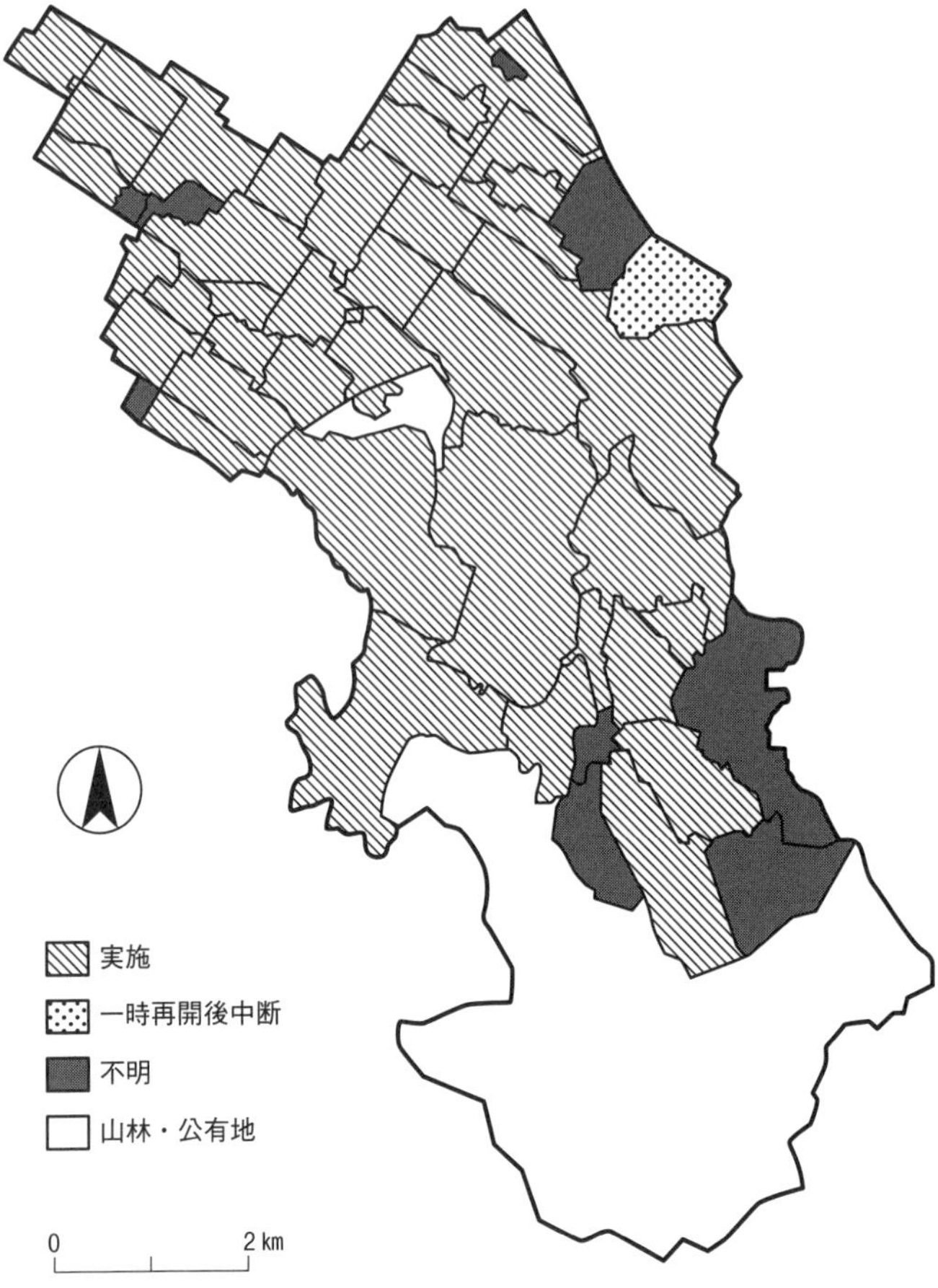

昭和末期の民俗調査時点での左義長の実施状況
※自治会の境界線はそもそも厳密ではないため、両図はともに参考としての情報である。

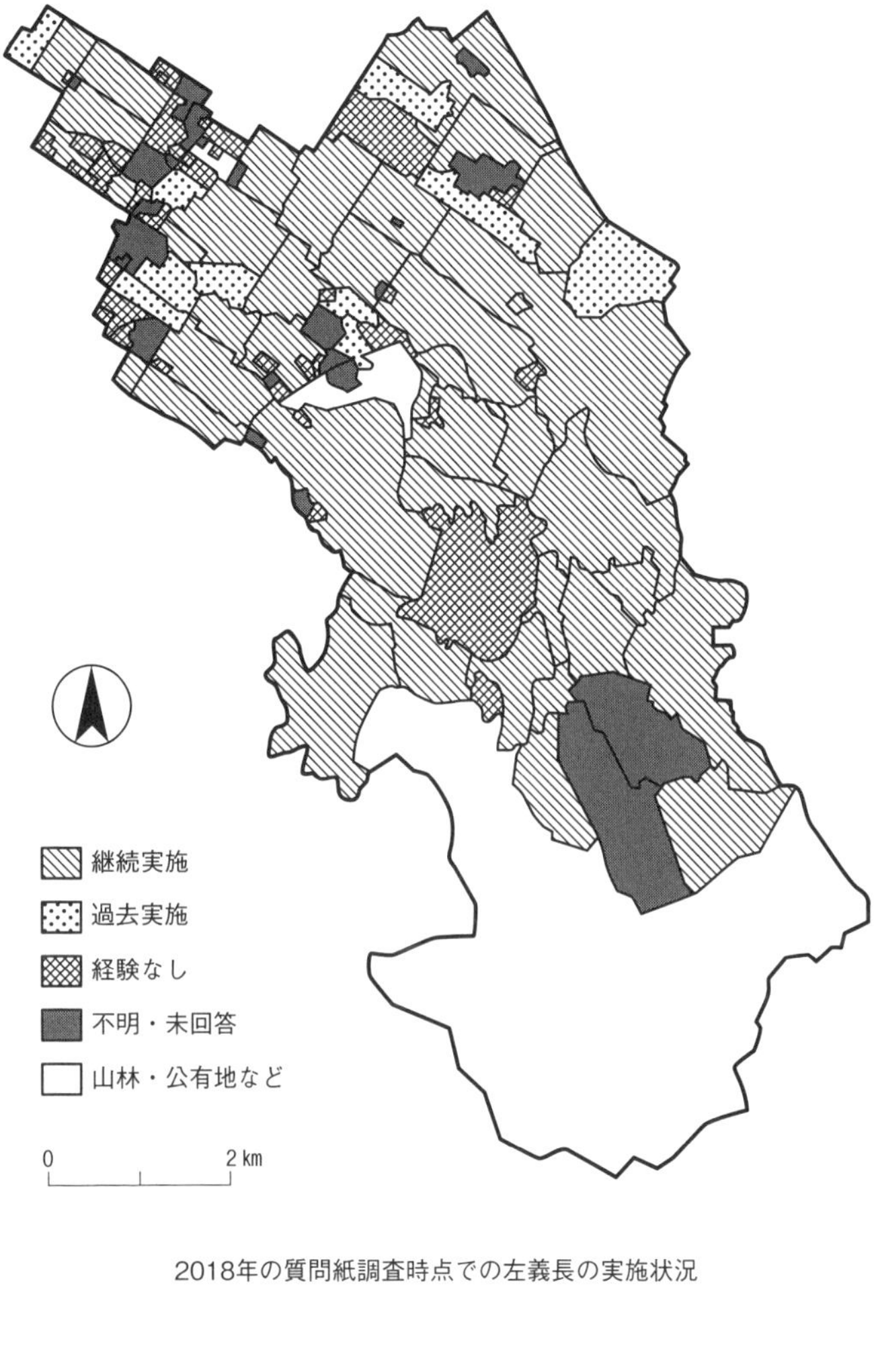

2018年の質問紙調査時点での左義長の実施状況

い設問については38件が最大の回答数となります。

［A13　左義長が中断されていた時期はありましたか――33件］

確認できない	28件（85％）
中断されていた時期があった	5件（15％）

［A12］で「過去実施」や「継続実施」だったとしても、その過程で一度中断されていたような場合には把握できないので確認するための設問を用意しました。中断されていたかどうかを「確認できない」自治会が多いですが、「中断されていた時期があった」と答えている自治会には、中断の期間と理由も聞いたので参考になりそうです。

１９４０年代に戦争のため人手不足で行えなくなった自治会が３件ありました。また、１９９０年代前後に子どもたちが行わなくなったために中断した自治会が2件ありました。ほかにも、「雪の為《ため》燃えず、中学生が車からガソリン抜き取った為」という回答もあります（1つの自治会で何度か中断しているケースもあるので5件以上のケースになります）。中学生の違法行為が問題となって、左義長自体をいったん中断せざるを得なかったのでしょう。

［A14　左義長の目的や意味はなんですか――38件］

正月飾りを燃やす	38件（１００％）
古くからの習わしを続ける	32件（84％）
子どもが地域とかかわる	18件（47％）
豊穣を祈る	17件（45％）
地域の団結力を高める	12件（32％）
神様を天上に送り返す	11件（29％）
大人への通過儀礼	2件（5％）
その他	8件（21％）

※回答件数が多い順に並び替えた

（複数回答可のため合計は１００％にならない）

左義長を一度でも経験したことがあり、質問紙で答えた自治会のすべてが回答した設問です。そのすべての自治会が共通して「正月飾りを燃やす」ことを左義長の目的や意味ととらえています。また、「古くからの習わしを続ける」も回答率が高く、伝統を守ろうという意思がみえます。以降の選択肢はそれほど回答件数が多いわけではありません。特に、第1章で丁寧に説明してきた「神様を天上に送り返す」という左義長にまつわる物語は、「目的や意味」を問い選択肢に掲げても、すでに29%しか選ばれない状況です。

しかし、考えてみるとこの状況はなかなか興味深いことです。「神様を天上に送り返す」という物語を共有していないにもかかわらず、「正月飾りを燃やす」ためにわざわざこのようなたいへんな行事を行うわけです。つまり、正月飾りは「ごみ」としては処分できないという程度の神性は残っているわけですが、それ以上ではなくなっているということです。

自治会がある集落の組織や催事

［A15］と［A16］は自治会や左義長に限定せず、地域の組織・催事にかかわる設問です。

［A15　次の各組織について、存在した時期を記入して下さい（名称の違いは問わない）――64件］および［A16　地域の主な催事（伝統行事、年中行事等）と実施主体（自治会等）を記入して下さい――53件］

回答省略。［A15］の「各組織」とは、「子ども会以前の子どもの組織」、「子ども会」、「青年団以前の若者の組織」、「青年団」、「婦人会・女性会」、「老人会・敬老会」の6種類。

これらの設問については回答の集計を割愛します。そのうち［A15］については私の設問が不適当だったため、回答が適切に得られなかったことが原因です。私が「子ども会以前の子どもの組織」と書いたのは、主に戦後に組織された「子ども会」よりも以前の時代に、子どもたちの組織はあったかを聞きたかったのですが、回答では「子ども会に入る年齢に達する以前の組織」との誤解が少なからずみられました。とはいえ、中には私の意図どおりの回答もあったので紹介しておきましょう。下鈎乙《しもまがりおつ》〔治田〕では１９３７年から１９６９年まで子どもの組織があり、それが１９６９年に子ども会に変わって現在にいたります。また、今土〔葉山〕では時期は不明であるものの「小学生高学年中心でサギチョウのみ催行」していた子どもの組織があったそうですが、１９６８年に子ども会がつくられ現在にいたります。ただし今土では１９８４年から１９９５年にかけて担い手となる子どもがたりず、左義長が中断されていました。

参考までに「子ども会」があったことがある自治会は53件（現在もあるのは48件）で、その成立年度には幅がありますが、中央値・最頻値《さいひん》はともに１９７０年でした。また「青年団」があったことがある自治会は23件と少なく、現在も続いているのは5件に留まります。途中でなくなった18件のうち半分ほどは１９７０年代までに解散しており、残る半分は１９９０年以降の解散でした。「婦人会・女性会」は32件にあったものの現在残るのは13件で、「老人会・敬老会」は49件にあり現在も33件で続いています。「老人会・敬老会」の成立年度も幅がありますが、中央値・最頻値はともに1965年でした。

以上より、回答のあった64件をみるかぎり、子ども→高齢者→女性→若者と世代・性別ごとの組織数は少なくなっています。左義長のための組織が子どもたちだけであるのに対し、子ども会は子どもだけではなくその親も運営にかかわることが多いため、違いに注意が必要です。

［A16］の回答はいずれも適切なものでしたが自治会ごとに相当異なるため、紙幅の関係ですべてを掲載することができず、回答を割愛しています。しかし、せっかく53件の自治会が回答しているので、少し情報を整理してみましょう。あげられた行事は延べ332行に及びます。1行にいくつもの行事を書いているものもあるので、行事数はより多いことになります。それらを実施時期別に集計すると上の表のようになります。

1月は左義長を書いた自治会とそうでない自治会がありますが、左義長がもっとも多く、次に伊勢講があげられます。2・3・4月は行事が少ないですが、自治会の役員改選や決算の時期です。5

地域の主な催事の実施時期

通年	5件	7月	28件
1月	41件	8月	43件
2月	10件	9月	37件
3月	4件	10月	27件
4月	10件	11月	25件
5月	41件	12月	28件
6月	19件	不明	14件

月は子ども神輿や神社の祭礼が行われます。6月は田植えを終えたころで百灯や「湯」と呼ばれる神事が行われます。7・8月は夏祭りが多く、9月は敬老会です。百灯を9月に行う自治会もあります。10月は運動会や防災訓練、11月は学区単位のお祭りがあるようです。また、11月には新嘗祭《にいなめさい》など収穫に感謝する行事も行われます。12月は餅搗《つ》きや一斉清掃のほか、年末の夜警を行う自治会も多いようです。

こうした332行のうち、実施主体として自治会があげられているものは実に196行（59％）にのぼります。もちろん、回答したのが自治会ですから、自組織が担当している行事を多くあげる傾向にあると考えられますが、それでも各自治会が実に多くの行事を担っていることは確かです。自治会以外の実施主体としては、神社や氏子、各種の講、そして自治会の部会単位があります。A票の最後に、そのほかの設問として［A17］と［A18］がありますが、ここでは設問だけ紹介します。

［A17　こうした調査を行うにあたり、ぜひ話を聞くべきと思う方が自治会にいればお書き下さい――10件］および［A18　現在・過去の左義長の写真をご提供いただけますか――31件］

回答省略

以上がA票の結果です。［A12］での回答に応じて、B・C・Dの各票に答えるかどうか分岐します。左義長の「経験なし」の自治会はA票で回答は終わり、「過去実施」はB票には答えずC・D票に進みます。そして「継続実施」はB・C・Dのいずれにも答えます。ただし、葉書での回答の場合はB票以降には該当する設問はありません。

質問紙B票「2018年（平成30年）の左義長について」の結果

左義長実施日の決め方

B票「2018年（平成30年）の左義長について」は、「継続実施」の自治会のうち葉書ではなく質問紙で答えた30件が対象ですが、うち1件からはB票の提出がありませんでした。他方、左義長を現在は実施していない下鈎糠田井《ぬかたい》（治田）は、左義長を2015年まで行っており、回答できる項目が多かったと判断したためかB票が提出されたので、可能なかぎり集計に含めることにしました。ですから、これから紹介するB票の各設問での回答数の最大値は30件です。

［Ｂ１　２０１８年の何月何日に実施しましたか（または実施しますか）――29件］

1月7日	3件（10％）
1月8日	3件（10％）
1月13日	5件（17％）
1月14日	17件（59％）
1月15日	1件（3％）

この結果は一見すると、1月14日に左義長を実施した割合が高く、「小正月の開催を重視している」ととらえそうになります。しかし、２０１８年1月14日は日曜日でしたから、「小正月の日」かつ「休日」と選びやすい日なので注意が必要です。そこで次の設問も用意しました。

［Ｂ２　原則として、開催日はどのように決めていますか――29件］

特定の月日	10件（34％）
特定の月日の近くの休日	13件（45％）
1月の休日	3件（10％）
その他	3件（10％）
特に原則はない	0件（0％）

特定の月日 →

1月14日	9件
1月15日	1件

特定の月日の近くの休日 →

1月14日	4件
1月15日	5件
第2日曜日（当日）	4件

この回答結果から、左義長を実施したすべての自治会で何らかの原則によって日を決めていることがわかります。1月14日に決めている自治会も9件ありますが、２０１８年1月14日に実施した自治会が17件あったのは「特定の月日の近くの休日」という別の決め方による自治会もたまたまこの日になったためです。「その他」の回答には、「成人の日」（第2月曜日）、「消防式出初め式の日」、「成人式の日」があります。

左義長の実施には日だけではなく時間が関係することもあるので、尋ねました。

[B3　原則として、左義長を行うのはどの時間帯ですか――①29件　②30件]

①左義長を組む（※前日に組む2件を含む）

午前	正午	日中	夕方	夜
12件（41%）	5件（17%）	11件（38%）	2件（7%）	0件（0%）

②左義長に点火する

午前	正午	日中	夕方	夜
7件（23%）	0件（0%）	3件（10%）	21件（70%）	0件（0%）

左義長を組む時間にはいくらかばらつきがありますが、左義長に点火する時間は夕方が多いようです。この設問は右に整理した選択肢から選ぶだけのものですが、余白への記入が6件ありました。特に六地蔵《ろくじぞう》〔葉山〕には準備の詳細が書かれているのでそのまま紹介しておきましょう。

準備は12月16日午後から竹切、運び出し、穴掘り、枠組み、芯竹《しんだけ》を立てる。三又《みつまた》組み。中学生、父兄が主体。自治会役員が指導及び補助。1月6日(土)午後から中学生は各戸を回って正月飾り、書き初め等、燃やす物を集める。中学生父兄、自治会役員等で残りの竹を芯竹に合わせて、四角の枠組みの中に立てる。稲わらを竹の間に埋め込む、集めた正月飾り等を中に入れる。1月7日、午後5時点火。中学生。付近へ延焼防止は義勇消防隊。バケツ消防ポンプ等準備設置待機。鎮火までの管理は中学生父兄、自治会役員、義勇消防隊員等で後始末。当日までに消防署に届を出すが、火事だと通報があり消防車が来ることが度々ある。

この記述から、左義長の準備が半月がかりで、今も中学生が中心となって行われていることがわかります。また、あえて「三又組み」と書いてあることから、第3章で紹介したように左義長の組み方には種類がいくつかあると知られていることもわかります。最後の「消防署に届を出すが、火事だと通報があり消防車が来る」という点については、後ほどあらためて述べます。

左義長の担い手

［Ｂ４］と［Ｂ５］は左義長の担当者についての質問です。

［Ｂ４　左義長全体を担当するのは誰ですか（あてはまるものすべて）――30件］

自治会役員	子ども会	青年団	その他
19件（63％）	4件（13％）	3件（10％）	15件（50％）

（複数回答可のため合計は１００％にならない）

もっとも多かったのが「自治会役員」であったのは想定どおりでした。左義長が自治会の行事化したことがわかります。「自治会役員」を選んだうち10件はこの項目だけを単独で選んでおり、子ども会や青年団などとの連携によるものではないようです。

他方、想定外だったのは「その他」を選んだ件数の多さです。「その他」が多く選ばれ、かつ、その内容に重なりが多い場合は設問があまりよくなかったといえますが、この設問はその例の1つです。「その他」の中には、「中学生」（小野《おの》〔葉山〕）、「中学生とＰＴＡ」（林《はやし》〔葉山〕、六地蔵〔葉山〕）、「小学5年生から中学2年生までの男子」（出庭《でば》〔葉山〕）という回答がありました。私は「子どもたちが担当していたのは数十年前までのことで、今は子どもが行う場合でも子ども会だろ

左義長に点火する年男たち（2019年、目川、写真：MAIECHIURA 提供）

う」という前提をもって設問をつくっていましたが、実際にはごくわずかとはいえ、左義長のために子どもが集まっている集落がまだありました。また、これらの集落はすべて旧葉山村に属することも注目できそうです。

そのほか「氏子」、「宮総代」、「神社の役員」などの神社関係者をあげた集落が7件（23％）ありました。ほかの集落の中にも、選択肢の中に「神社関係者」があれば選んでいたものがあったかもしれません。また「六人衆」という長老格の役割が書かれている集落も1件ありました。

以上のことを踏まえ、昭和末期の民俗調査を振り返ってみます。民俗調査では「誰が担当していたのか」という記録は統一して行われてはいませんが、記述の中から読み取れる部分も少なくありません。そこで民俗調査の47件のうち、記述から担当していた人が読み取れる部分を抽出したところ33件あり、次のような結果になりました。

〔〈参考〉昭和末期の民俗調査における左義長の担当者――33件〕

子ども	神社関係者	青年	自治会	長老
30件（91％）	6件（18％）	5件（15％）	2件（6％）	2件（6％）

昭和末期の民俗調査では「左義長全体を担当する人」を聞いているのではありませんから、「子ども」の件数が多くなっても、子どもがすべてを取り仕切っているわけではないことに注意が必要です。記録に残っていない場合でも、当日に竹を組み点火したり場を仕切ったりしたのは子どもではない可能性が高いです。それでも、子どもに明確な役割が与えられ記録に残っている件数・割合がきわめて高いことから、昭和末期と現在では左義長をめぐる状況は大きく異なることも確かでしょう。

〔B5　左義長に火を点けるのは誰ですか（あてはまるものすべて）――23件〕

子ども	宮当番	十二支の人	その他
8件（35%）	5件（22%）	2件（9%）	9件（39%）

（複数回答可のため合計は１００%にならない）

この設問も「その他」が多くなってしまいました。その内訳は自治会が3件、青年会が2件、長老・当番が各1件、希望者が1件です。ですから、回答が単独で多かったのは「子ども」であることに違いはありません。つまり、子どもは左義長全体にかかわる役割は減ったものの、当日の点火役だけは子どもに託している集落があるということです。ただし、昭和末期の民俗調査では点火を子どもが行ったケースはみられませんでした。

選択肢の「十二支の人」は、年男が点火する例があるために設けました。子どもや自治会の人が点火すると回答した中にも、年男であることが条件になっている場合が含まれていると考えられます。

左義長の燃焼にかかわる行為

［B6］から［B8］までは左義長が火祭りであることを重視し、左義長の燃焼にかかわる行為についての設問です。

【B6　左義長ではどのようなものを燃やしますか（あてはまるものすべて）――30件】

おふだ	門松	注連縄
29件（97％）	29件（97％）	26件（87％）
書き初め	お守り	その他
24件（80％）	20件（67％）	5件（17％）

※回答件数が多い順に並び替えた
（複数回答可のため合計は100％にならない）

左義長で多く燃やされるものは「門松」や「注連縄」といった正月飾り、そして「おふだ」や「お守り」といった神に関するもの、さらには「書き初め」のように正月に関するものが多いことがわかります。「その他」には、「神棚飾り」、「年賀状」がありました。

【B7　左義長が燃えている間、何を食しますか（あてはまるものすべて）――30件】

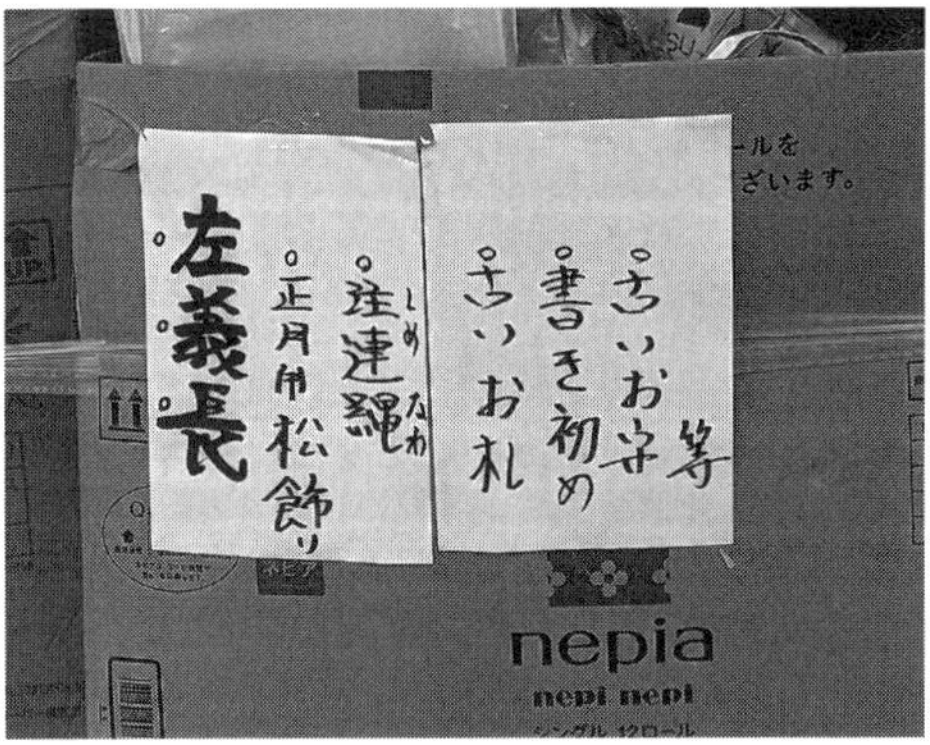

自治会館前で回収される正月飾りなど（2019年、目川）

酒	16件（53％）
甘酒	5件（17％）
さきいか	8件（27％）
じゃこ	4件（13％）
その他	16件（53％）

（複数回答可のため合計は１００％にならない）

私が参加したことがある栗東市の左義長では、左義長が燃えている間に食べ物やお酒が配られることがあったので、念のため聞いてみたところ、やはりそうしたものが振る舞われる集落は少なくないようです。

「甘酒」を振る舞う5集落のうち、４集落では「酒」も振る舞います。神事の名残として酒が振る舞われることは不思議ではありません。また、たいへん寒い時期に外で行われる行事ですから甘酒のように体が温まるものが出されるのも参加者に喜ばれるでしょう。

「その他」の内訳は「豚汁」、「ビール」など多様ですが、お菓子を提供するところが7件あるようです。また、左義長が燃えている間には何も食さないことを、あえてこ

会場で振る舞われたさきいかとじゃこ（2019年、岡）

の設問で回答している集落も3件ありました。

［B8　左義長が燃えた後に何をしますか（あてはまるものすべて）――30件］

①残り火で餅を焼いて食べる　15件（50％）

餅は？

会場で配る	各家庭から持ってくる
2件	12件

②燃えたタケを持って帰る　15件（50％）

タケは？

叩いて音を鳴らす	特に何もせず持って帰る
2件	9件

家では？

軒先に置く	台所に置く	蔵に置く	粥を炊く	その他
7件	4件	1件	5件	2件（不明1件、各家庭で異なる1件）

意味は？

魔除け	蛇除け	無病息災	その他
9件	2件	2件	2件（翌年持参でご利益1件、火の用心1件）

この設問は集計結果をみてわかるように、やや複雑です。残り火で餅を焼いて食べるところが半数ほどありますが、ほとんどは各家庭から持ってくるようです。各家庭から持ってくる餅が、鏡餅か、それとは別に自分たちで搗いた餅か、あるいは買ってきた餅かといったことも調査するとおもしろい結果になるかもしれません。

次に竹についてですが、竹を爆ぜさせるのはわずかな集落でした。また、竹を持ち帰る意味や、竹を置く場所は集落によりまちまちであり、この結果だけをみても「正しい左義長」を議論することの難しさがわかります。なお「粥を炊く」が5件ありますが、竹で粥を炊くためにはかまどが必要です。かまどが各集落で今も使われているとは想定しづらく、以前のことや、「左義長の本来のあり方」を想定して回答した可能性もあります。

残り火で餅を焼く来場者（2019年、岡、写真：MAIECHIURA 提供）

ところで、この設問は質問紙の余白に追加で記述される自治会が実に11件もありました。せっかくなのでいくつか紹介します。

―昭和60年頃までは各家庭に配布。不用となった為配布中止（林〈葉山〉）

―20年ほど前迄《まで》はタケを持ち帰る。現在はタケを完全燃焼させ灰にして処分する。（辻《つじ》〈葉山〉）

―全て燃やすようになった。50年以上前はタケを持ち帰りかまどで粥等を炊くのに使用した（北中小路〈大宝〉）

これらの記述は、年代こそ違うもののいずれも以前は竹を持ち帰ったが、今ではそれがなくなったことを書いています。あえてこれを余白に書くのは、回答者の懐かしい思い出か、あるいはやはり「左義長の本来のあり方」の想定があったのかもしれません。

爆ぜさせた竹を選んで持ち帰る来場者
（2019年、目川、写真：MAIECHIURA 提供）

左義長に必要な素材の調達

［Ｂ９］から［Ｂ12］は、左義長に必要な素材についての設問です。以前は子どもたちが集めていた集落もあった竹や藁の調達は、現在はどうなっているのでしょうか。

［Ｂ９　燃料となるワラをどのように調達していますか――30件］

特定の住民に頼んでいる	９件（30％）
農家から平等に回収している	７件（23％）
民間で購入している	０件（０％）
神社からいただいている	０件（０％）
その他	10件（33％）
ワラを用いていない	５件（17％）

藁は昭和末期の民俗調査では各戸から集められることが多かったのですが（記録から藁の調達について抽出できる20件のすべてが「回収」）、今は特定の住民に頼むことも少なくないようです。ここで、特定の住民とは稲を手で刈っている農家や、左義長のために手で刈ってくれる農家、あるいは営農組合などが含まれます。「その他」の回答もほぼすべては特定の人や組織（営農組合）に

頼むという記述でした。笠川〔大宝〕は「講中所有の田があり、当番で耕作しており、その当番者から供出する」そうです。今回の調査では講については深く聞いていませんが、このようにときおり講の話が出てきます。

藁を用いていない集落は、紙、薪、灯油、間伐材《かんばつざい》を用いています。藁は着火のために必要なものですからこれらのもので機能的には代用可能だろうと考えられます。

［B10　左義長の本体となるタケをどのように調達していますか――28件］

竹ヤブから採っている	26件（93％）

伐るのは？

自治会役員	ヤブの所有者	その他
13件	12件	12件

ヤブの場所は？

自自治会	他自治会	他市町
15件	0件	0件

民間で購入している	0件（0％）

神社からいただいている	0件（0%）
その他	3件（11%）
タケを用いていない	2件（7%）

竹も藁も購入しているところはないようです。そもそも選択肢に「民間で購入している」があるのは、昭和末期の民俗調査で竹の調達について記録がある22件のうち4件は購入していたためでした。その4件のうち1件は今回の調査に質問紙での回答がないものの、葉書によると左義長は実施しているそうです。残り3件はすでに左義長が中止されていました。

さて、竹藪から竹を採るにも自治会の役員は活躍しています。自治会役員13件のうち、5件は藪の所有者とともに、3件はその他の人（自治会員2件、講1件）とともに竹を伐《き》りだしています。逆に言えば、残る5件は自治会役員だけで竹を採る作業を担っていることがわかります。同様に藪の所有者だけで用意する場合も5件あります。自治会役員がかかわらないケースでは、藪の所有者が子ども会の親たちや宮役らと採る場合が各1件あ

竹を藪から採り会場へ運ぶ人たち（2019年、目川）

りました。

本設問の「その他」３件はいずれも、竹藪の所在を書いているものでしたので割愛します。「タケを用いていない」は左義長のイメージを大きく覆すものですから、この２件についてのみ、［Ｂ14］の回答を先取りして紹介しましょう。栗東ニューハイツ〔葉山〕は「まきを組む」、大橋《おおはし》〔葉山〕は「安全面を考慮し、今年からドラム缶で正月飾りを燃やすことにした。（行事名は左義長としている）」とのことです。

［Ｂ11　左義長の高さはどの程度ですか――27件］

回答省略

回答の中でもっとも低いのは「組まず、燃やすだけ」（川辺《かわづら》〔治田〕）です。川辺は［Ｄ４］の設問で「今は境内が極めて小さいので、小さな小さな左義長しか出来ない」と悔しさをにじませています。

ほかの回答では「鳥居の高さくらい」というようなものもありますし、実際、竹が何メートルあるのかというのは目測ですから正確ではありませんが、回答をおおよそメートル数に置き換えてみると平均値も中央値も６メートルくらいです。回答の横に「以前はもっと高かった」という記述が2件ありました。

［B12　左義長のタケ組を縛ったり支えたりする縄には何を使っていますか――27件］

針金（番線）	9件（33％）
フジヅル	9件（33％）

採るのは？

自治会役員	5件
その他	3件

場所は？

自自治会	6件
他の自治会	1件
他の市町	0件

浸けるのは？

川の水	1件
その他	2件（水道水1件、浸けない1件）

その他	15件（56％）

針金と藤蔓を併用した縄で３方向から支えられる左義長
（2019年、目川）

針金と藤蔓とは同程度に使われているようです。両方を用いている集落も2件ありました。藤蔓を採る場面でもやはり自治会の役員が汗を流しています。藤蔓を採りに行く「その他」3件は、農業組合、青年会、講でした。自自治会には採れる場所がなく、他自治会に行って採っている集落もあるようです。

「その他」の15件のうち13件は縄（荒縄）、つまり藁を編んだものを用いています。残る2件はその他の内容を書いたのではなく、以前は藤蔓を使っていたことをわざわざ回答したものでした。

左義長の準備

［B13］と［B14］は、左義長の準備に関する補足的な設問です。

【B13　左義長の準備のための「小屋」を建てますか――27件】

建てる	以前は建てていたが現在は建てない	以前から建てない	その他
0件（0％）	0件（0％）	27件（100％）	0件（0％）

第1章で紹介した「左義長小屋」を想定しての設問でしたが「建てない」のみの回答でした。ただし、第3章で説明したように栗東市では実際には小屋を建てていても、それを「小屋」とは

呼ばず、設問の意味が伝わりづらかったのではないかと思われます。

[B14　左義長を立てるとき、どのような手順で行いますか――28件]

ミツマタ	まとめ立て	その他
19件	3件	6件

ここで「ミツマタ」と「まとめ立て」はそれぞれ私が便宜《べんぎ》的に使っている呼称です。栗東市住民の表現では「ミツマタ」あるいは「サンマタ」という呼称は同じ方法を指して使われているようです。「まとめ立て」の方がたいへんですが、まとめて引っ張りあげることで、より高い左義長を立てられるようで「まとめ立てこそが本物」という思いを持っている方もいます。

「その他」の方法は先に紹介した竹を用いない、立てない方法のほか、井桁《いげた》のように枠組みを作って周りを竹で囲っていく方法などがあるようです。

アホと呼ばれる長さの異なる支え棒（竹）を持ち替えながら行われる「まとめ立て」の様子（2019年、目川）

先に立てた３本の竹に多くの竹を立てかけ縄で囲む「ミツマタ」の様子（2019年、岡）

質問紙C票の年表部分および質問紙D票の地図部分

C票は「過去の左義長について（年表形式）」です。C票では①左義長について【開催頻度《ひんど》、実施日、実施時間、実施場所、担い手（企画運営、資材収集）、資材と集め方（タケ、ワラ、縄）、参加者数】、②自治会のある地域について【地域の自治組織、地域の子ども組織、地域の青年組織、地域の女性組織、伊勢講】、③その他、左義長の変化や、地域で特に重要だと思われる変化があった項目についてという３つの年表が用意されており、１９４０年ころから現在まで記入が可能になっています。また、C票の最後には［C17（過去の左義長について、回答者や身近な人の思い出やエピソードがあればお書き下さい）］という設問を用意しました。この最後の設問を除いては年表を作っていく作業でたいへん手間が掛かるものでしたが、左義長を過去に経験したことがある49件のうち35件もの回答が得られました。

続くD票「左義長に関する地図と今後の左義長について」は、表に左義長場を含んで自由に地図を書き込むための枠があり、裏には［D2］から［D4］の設問と通信欄があります。D票への回答は31件寄せられました。［C17］および［D2］から［D4］、そして通信欄に関することは次節で述べます。本節では旧村ごとに年表・地図から読み取れることを整理して紹介していきます。

旧金勝村

最初に旧金勝村です。旧村別にみたときにもっとも左義長の実施率が高いのが金勝でした。山間地域の金勝には現在17の自治会があり、そのうち15件が今回の調査に回答し、12件が「継続実施」であり、年表に8件、地図に7件が回答しました。しかし、ほとんどが年表の上に単一の回答が書いてあり「変化なし」と読み取れます。その中で東坂《ひがしさか》〔金勝〕は左義長の変化が比較的大きかったのでみてみましょう。

山間地の走井〔金勝〕（2014年）

年表によれば、東坂では起源はわからないものの子ども（会）の行事として左義長が毎年1月14日に行われてきました。しかし、２０００年ごろから実施日が1月14日に近い休日に変更され、自治会の行事になります。実施日の変更は年代からして成人の日の変更にともなうものでしょう。自治会や子ども会は古くから（いずれも起源不明）現在まで残っているそうです。また、なぜか年表では変化がなかったことになっていますが、地図を確認したところ、左義長場が少なくとも二度にわたり大きく変更されたことがわかります。また、美之郷〔金勝〕でもやはり年表には記載がありませんが地図をみると、以前は左義長が田で行われていたものの、現在は自治会館隣の公園に移ったようです。

旧葉山村

次に旧葉山村です。金勝に続いて左義長の実施率が高いのが葉山でした。また、現在も子ども組織が左義長のために動いている事例がみられるのも葉山の特徴でした。葉山には現在22の自治会があり、そのうち19件が今回の調査に回答し、13件が「継続実施」または「過去実施」であり、10件が年表・地図に回答しました。

伊勢落〔葉山〕は、昭和50年代に左義長場が「野洲《やす》川の河原」から「会館近くの田」に移り、同時期に竹の採取地も「野洲川の河原」から「会館近く」に移動しています。また、昭和20年ころには50人ほどはいただろう参加者が、平成に入ってからは20人弱になったようです。

林〔葉山〕は変化がもっとも克明に記されている自治会の1つです。左義長は戦争のほか「高校受験の為」(平成初期)に行われなくなるなど、三度の中断を経て２００１年からは自治会のバックアップで再び実施され続けています。左義長の実施日は平成初期の中断の前は1月14日でしたが、現在は14日に近い日曜日に変更されており、やはり成人の日の変更によるものでしょう。平成初期の中断前後で左義長は大幅に変わりました。中学生のみで実施していたものが、自治会中心に作業し中学生は手伝いになりました。自治会の竹藪も今ではなくなり、自治会内在住の方の竹藪を利用するようになりました。藁も農家の子どもが集めるのではなく親しい農家に依頼しています。また、以前は藤蔓も用いていたようですが、昭和50年ころに農家の中学生が持参する縄で代用するようになり、現在はホームセンターで針金を購入しています。現在は、自治会役員10名、中学生10名、中学校のPTAから5名ほどが運営し、見学も20名ほどは来るようです（以前は見学者がいなくても夜中の点火が伝統だった）。10年の断絶を経て大きな変化を余儀なくされながらも左義長を持続している例です。地図によると、竹藪の減少や宅地造成により2018年から左義長場が移転されました。

六地蔵（葉山）もやはり変化が多く記録されています。以前（回答者の子ども時代）は中学生だけで左義長の資材を集めるだけではなく、左義長を立て、点火や後片付けまで中学生が行っていたそうです。しかし、いつからかPTAや自治会役員が手伝ったり指導したりするようになったといいます。資材集めのほか、以前は子どもたちが集めて配分していた現金も、途中で教育上の配慮から社会福祉協議会へと寄付させるようになり、今では自治会の組単位で寄付を集めPTA役員が集金しています。また資材購入のための費用は自治会が出しています。自治会や子ども会は、起源はわからないものの現在も継続しており、青年団や婦人会はすでに解散しました。地図には「以前は旧葉山川沿いの堤防に竹藪が多くあった」と記されています。川自体が廃川され県道になるといった大きな変化の中で竹藪も地域から失われていったことがわかります。

小野〔葉山〕では、現在も中学生が担い手ですが、1980年ころからその親も資材収集に加わるようになりました。同じ時期から、藤蔓はホームセンターで購入される荒縄や針金で代用されるようになります。そのころ「みんなの広場」ができたことで旧葉山川の土手で行われていた左義長は「みんなの広場」に移動し「火の心配がなくなった」といいます。中学生のいる農家から提供されていた藁は、1990年ころからは営農組合に提供してもらうようになりました。その後、成人の日の変更にともない実施日が1月15日から1月の第2土曜・日曜のいずれかに変更され、参加者数は50名から30名というように年々減少しています。左義長の日程に関して興味深いのは、以前は冬休み中に準備し当日の早朝に点火していたものが、現在は当日の朝から準備して夕方に点火するように変わっている点です。資材集めのために多くの日数を要したものが、ホームセンターでの購入や営農組合からの提供により容易になったともいえます。青年団は昭和50年ころに解散されました。

大橋〔葉山〕でも、成人の日の変更による実施日の変更前後で左義長が大きく変わりました。前日準備・当日早朝点火は当日の日中準備・夕方点火に変更、左義長場は神社の境内から「スポーツ広場」へ変更、担い手は氏子総代から自治会役員、資材収集は小学生から自治会役員と中学生へと変わります。以前は竹藪の所有者からもらい受けていた竹も、今では自治会植栽の竹を用いています。以前から、藁は農家よりもらい受けており、縄は購入しているようです。青年団はいつのころかわかりませんが解散されました。大橋は神社の行事から自治会の行事への変更が特徴的だといえるでしょう。

出庭〔葉山〕の最も大きな変化は「東出」と「西出」の2か所で行われていた左義長が、1988年に1か所に統合されたことです。また、出庭では1月14日の左義長とは別に、12月25日に「お火焚き」を行い、正月を前に神棚の古い飾り物などを燃やしていました。つまり火の神事が年末と年始の2回ずつ、2か所で行われていたわけです。しかし、お火焚きは2010年に終了し、現在は1か所で1月第2日曜日に左義長を行っています。左義長場は西出・東出の2か所から、東出の1か所、そして周囲の企業からの苦情を受け新しい場所へと移ってきました。古くは小学1年生から中学2年生の男子のうち氏子の家が左義長の担い手でしたが、昭和末期には小学3年生から、現在は小学5年生からになり、氏子以外も参加しています。その他の社会の変化として、1970年代にはかまどが減って薪からガスや電気へとエネルギーが変わったため、竹の引き取りが減じたことがあげられています。また、平成に入ってからはクラブ活動や塾などで左義長の参加者が減じたそうです。青年団は1970年ころに解散されました。

辻〔葉山〕は、昭和末期に子ども会ができたことが左義長に変化をもたらしたようです。それまでは小学生の男子が川の上流の空き地で行っていました。特に年長の子どもたちが、竹や藤蔓を雑木林へ取りに行き、藁を農家から持ち寄っていました。その後、子ども会ができてからは会の親たちが男女問わず担当するようになり、竹・藁を集めるのも子ども会の仕事になりました。藤蔓の利用はなくなり、ホームセンターで代用品を購入するようになります。藁はやはり「コンバインで刻まれるようになり営農組合に依頼して残してもらう」という記述があります。左義長場は川の上流から天満宮へと移動していますが、年表には途中で「天満宮宮司不在となる」との記述がありますから、神社の行事化したという意味ではなさそうです。青年団は昭和30年ころに解散しました。

辻〔葉山〕の左義長
(2018年1月14日撮影、辻自治会提供)

ここまで、葉山のほぼすべての年表・地図を紹介してきました。金勝と比べて左義長の変化が大きかったためです。山間部の金勝に比べ、生活様式や生業の変化が大きかったために、左義長がその影響を受けたのでしょう。残る治田・大宝は、金勝・葉山よりも急激な人口増加や宅地造成を経験しました。

旧治田村

では、3番目は旧治田村です。治田には現在38の自治会があり、そのうち30件が今回の調査に回答し、14件が「継続実施」または「過去実施」であり、年表に11件、地図に10件が回答しました。特に変化の記録があった目川、下鈎甲《こう》、下鈎乙、下鈎糠田井、中沢の5つについて紹介します。

第3章でも紹介した目川〔治田〕では、昭和40年ころに左義長の担い手が子どもたちから自治会と農業組合になりました。昭和50年には青年団が解散されました。年表・地図のいずれにも記述がありませんが、左義長は北出・中出・南出の3か所から1か所へと変更されたはずです。

下鈎甲〔治田〕は1937年に日曜学校という子どもの集まりが始まり、途中20年ほどの中断期間があるものの1969年まで続いていました。この中断期間ころに子どもの組織はなかったようですが、まさにこの時期に左義長は子どもたちが担っていました。しかし、1960年前後のいずれかの時期に、左義長のすべてを青年団（途中から名称は青年会）が担うようになりました。現在にいたるまで少なくとも左義長場は4回変更されてきました。年表には「左義長ササ灰悲惨で規模縮小」との記載もあります。［D4］の回答を先取りすると、下鈎甲は「自治会活性化のもとである青年会組織を維持するため」に左義長は継続する必要があるとしており、左義長と青年会との関係において他の集落とは異なる特徴を示しています。ただし、隣接する下鈎乙も青年会が重要な役割を果たしているようです。

下鈎乙〔治田〕は１９８０年ころに変化を迎えたようです。それまで自治会と子ども会が資材集めをしていたところ、同時期に青年団から名称が変わった青年会が資材収集も担うようになりました。また、竹は各戸の竹藪からではなく近くの寺から採るようになり、縄は針金を用いるようになりました。なお、変化の前後ともに青年会(青年団)が左義長全体を司っているようです。２０１８年から左義長の規模が縮小され、場所も変更せざるを得なくなったようです。

下鈎糠田井〔治田〕では、下鈎甲・下鈎乙と同様にやはり以前は、中学3年生から30歳までの青年団が左義長を司っていました。資材収集の声掛けは子どもたちがやっていたようですが、１９７０年代には青年団が引き継ぎました。しかし２００４年に青年団は解散されます。その後は自治会がすべてを行うようになりました。また、竹は今では他の自治会から採取しているといいます(［B10］ではこのことについて回答漏れ)。参加者は平成20年ころから減少し、もっとも少ないときでは3名になりました。

中沢〔治田〕は、菌《くさびら》神社の総代を中心とした世話方が左義長を担当する集落です。竹は昭和末期に農家の竹藪ではなく自治会の竹藪から採られるようになりました。藁は現在も農家から提供を受けていますが、近年、田が少なくなっているそうです。成人の日の変更により実施日が変わるとともに、点火時間も朝から夕方になり、左義長場は神社の境内から旧葉山川の神社用地へと移りました。

なお、年表には途中で火の粉の苦情が寄せられたことも記されています。

中沢〔治田〕の左義長
（2016年1月11日撮影、中沢自治会提供）

旧大宝村

最後に旧大宝村です。大宝はマンションが多く、左義長の実施率が最も低い地区ですが、もちろん古くから続く集落もあります。治田には現在44の自治会があり、そのうち35件が今回の調査に回答し、10件が「継続実施」または「過去実施」であり、年表に6件、地図に4件が回答しました。年表からは変化の時期が判然としないものも多いため、いくつかの記述に絞って紹介します。

苅原《かりはら》〔大宝〕は平成に入ってから駅前の区画整理により左義長場の変更を幾度も経験し、2008年を最後に左義長は中止することになりました。過去の左義長は六人衆が司り子どもたちが農家からの藁集めなどを担当していたようです。１９７０年代から子どもが少なく手伝わなくなり、自治会の担う部分が大きくなり、１９９０年代には自治会役員が司り準備も大人が担うようになりました。

市川原《いちがわら》〔大宝〕では、「数年前より、新しい住民が増え、左義長への参加が増えた」という、人口増加が激しい大宝学区らしい興味深い記述があります。小平井一区〔大宝〕では近年のコンバインの普及により藁を提供できる農家が限られたことが記されています。

北中小路〔大宝〕では以前から子どもが資材収集はしており、１９７０年ころに子ども会ができてからは子ども会が担当するようになったそうです。回答者（自治会長）が地域の長老に聞いたことをメモしているので紹介します。

> 長老に聞いたが、過去から現在まで場所（八幡宮）や方法は殆《ほとん》ど変わらず左義長は継続されている。実施日も一月十四日。大きな変化点を述べれば、①左義長の高さを低くしたこと（安全対策）や②竹を完全に燃やすようになったこと。

質問紙C票・D票の諸設問

思い出は子ども時代のエピソードに偏重

残るはC票の年表以外の設問と、D票の地図以外の設問です。

[C17　過去の左義長について、回答者や身近な人の思い出やエピソードがあればお書き下さい。――17件]

この項目については回答者の思い出に関することですから、自治会名は記さずにいくつか引用します。

▪子どもの頃は、子どもだけでやる作業に連帯意識が芽生えた。

▪伊勢講は大人の集まり、同日子どもは各家順番に当番でカレーやお菓子のふるまいを受けて

いた（左義長準備のごほうび）

終戦の昭和20年生まれの私は、中学の頃は戦後13～15年経過した年代で、日々の食事は粗末で貧弱でした。左義長での楽しみはお札や松飾りの回収に回ると、各家庭から頂く10～30円の駄賃を集め、滅多に食べられない肉を買って、各自布団と茶わん箸《はし》を持参しお蔵（今の公民館）に集まりすき焼きを食べたあの味が今も鮮明に思い出されます。

私たちの中学生時代は、冬休み中は左義長づくりが日課で遊びの毎日でした。その中で先輩から左義長づくりの手順を順次後輩へ教えてもらいました。隣の字とお互い建て方を競いながら、時には陣地を作って敵陣を偵察したり戦いごっこなど遊びながらの楽しい冬休みでした。点火当日は母親たちが作ってくれたカレーを食べながら会議所で一晩トランプやいろんな遊びをして泊まることが楽しみでした。

冬休みの一番楽しみだった。十四日の夜はお蔵（現公民館）に泊まり、一年生から三年生まで上下関係はあったが楽しかった。一年生は火の番が役目で一睡もできなかった。早く三年生になりたいと思っていました。（あこがれ）

竹・ワラ集めの後、上級生等に遊んでもらったり、多くの人と過ごせるのが楽しかった。

町内三本の左義長を競争のように立てた。自分たちが年長になった時、かやく飯とオカラをカレーライスに変更した（56年前）

各戸を訪問し志《こころざし》［お金］を頂いて自分たちで食事（すき焼き等）をして楽しんだもの。子どもから大人に成長する迄の過程となる大切な行事でした。先輩・後輩、チームワーク、友達の輪づくりに欠かせない行事でした。

昭和四十年頃私達は左義長は儀式のように受けとめていた。（あたりまえのように）。今はやりたくても、場所が無い、気運がわかない（一部はあるが……）。（火の粉、後しまつ、準備が大変という理由）

子ども参加型でしたが少子等で大人だけでやる事になった。過去は学校も地域に対して協力的であった様に思われる。

さて、このようにみてみると左義長の思い出は子ども時代にきわめて強く偏っていることがわかります。左義長が回答者の子ども時代に中止になっているケースはほとんどありませんから、青年期も——集落によっては現在も——左義長は続いているわけですが、深くかかわるのは子ども時代だからでしょう。さらに「冬休み中は左義長づくりが日課」、「冬休みの一番楽しみ」といった、現在では想定できない位置づけが左義長には与えられていました。そのように参加することは「あたりまえのように」受け止められていました。とはいえ、左義長は子どもの義務・仕事というよりは特別な非日常体験でもありました。

特に食に関するエピソードには事欠きません。「すき焼き」、「カレーライス」とご馳走が並びます。すき焼きの肉は必ずしも牛ではなく、鶏のことを指す場合もありました。昭和末期の民俗調査では、左義長に関する記述の中でこうした「子ども社会」が描かれることはありませんでした。民俗調査では、回答者個別の思い出ではなく、地域に伝わるやり方やその背景にある物語の記録が重視されるのは当然のことです。ですから神事としての左義長と関係し、家で食べられる小豆粥、餅、ぜんざいなどについての言及はあるものの、子どもたちの特別な食事は出てきません。

子どもたちは非日常体験を楽しみつつ、子ども社会で「連帯意識」が芽生え「成長する迄の過程」としての子ども社会を経験しました。その中で上級生に「あこがれ」を抱き、自分たちがついに上級生になると、食事を変更するなどして子ども社会は更新されていったのです。このように、いずれのエピソードも異なる集落からの回答ですが、つなげて語っても無理のないような世代の共通性がみてとれます。

というのも、思い出を答えた17件の回答者はいずれも60歳以上の男性なのです。さらに、20歳未満と60歳以上で左義長に参加した経験は10人以上が持つものの、20歳から50代までの間の参加経験は10人未満でした。つまり戦後、「高度経済成長を迎える前に子どもとして左義長にかかわった経験があり、高度経済成長のさなかは会社勤めなどで左義長から離れていたものの、今は地域の役員を務めている人たち」に、こうした回答傾向があったということです。

担い手と場所の課題

次に、D票の地図以外の設問部分をみていきます。

［D2　左義長の継続について生じている課題はなんですか（あてはまるものすべて）――28件］

担い手が不足している	16件（57％）

開催に適した場所がない	15件（54%）
苦情がくる	11件（39%）
ワラが用意できない	7件（25%）
タケが用意できない	6件（21%）
皆が集まれる日がない	3件（11%）
フジヅルが用意できない	3件（11%）
予算が不足している	1件（4%）
燃やすものをもってくる人がいない	1件（4%）
その他	8件（29%）

※回答件数が多い順に並び替えた　（複数回答可のため合計は１００％にならない）

左義長が抱える課題について問うこの設問の結果にはいくつか意外な点もありました。まず、「皆が集まれる日がない」ことがあまり課題になっていないことです。これまで、当日の参加者減少が書かれるものもありましたが、実際には成人の日の変更以降も休日にすることで対処していたり、あるいは当日に集まる人が少なくても行事の継続にはあまり関係がなかったりするということでしょう。むしろ問題になるのは「担い手が不足している」ことで、第一の課題になっていいます。当日の参加者よりも、素材を集めたり、竹を組んで燃やしたり、後片付けをしたりする中心的な担い手がいるかどうかが問題です。

［Ｂ４］でみたとおり、左義長の中心的な担い手は自治会にすでに移行しているところが多く、そうでないところは子どもたちが担当しているケースが少なくありませんでした。そこで「担い手が不足している」を選択している自治会の［Ｂ４］の回答をあらためて確認してみると、「自治会役員」を選んでいるのは16件中５件だけでした。つまり、特に子どもや神社関係者が担当している自治会で担い手不足が課題となっているので、今後、他の集落同様に自治会が担当することも増えていくでしょう。

「開催に適した場所はない」と「苦情がくる」は同じ課題である場合もあり、７件が両方を選択しています。そもそも開催に適した左義長場とは延焼のおそれが少なく水場が近くにある場所ですから、田、池、河原などがそれにあたりますが、農業の衰退にともない田や池が減り、護岸工事や河川改修で河原が消失したり使えなくなったりしていきました。また、宅地造成にともない、広場で行っても延焼のおそれが生じたり、新しく他の地域――特に都市部――から来た人たちには野焼きを行っているかのようにみえて、消防へ通報されてしまったりするという場合もあります。

藤蔓は藁縄や針金での代用が可能ですが、竹や藁は左義長を成り立たせる主要な要素ですから代用が難しく、入手が困難になったことが左義長の課題としてとらえられていることがわかります。以前は竹藪が多かっただけではなく、日々の生活で竹の加工品が用いられ、竹藪も管理されていました。また、農家が多く刈り入れの際に藁が出るのは当たり前でしたが、農家の減少のみならず刈り入れの機械化（コンバインの利用）により刈り入れ時に藁が裁断されてしまい燃料化できないという状況が生じたのでした。

「予算が不足している」や「燃やすものをもってくる人がいない」ということは、今のところ課題化しているところは1件ずつしかありませんが、今後増えていくことが考えられます。左義長に予算がほとんど掛からないのは、用いているのが竹・藁・藤蔓だからです。しかし、すでに藤蔓はホームセンターでの代用品に変わり、藁の一部も同じように変更されてきています。さらに竹を他自治会から買い入れたりする例は、昭和末期の民俗調査の時点ですでに散見されました。これらの費用をすべてたしても大きな額にはなりませんが、左義長の必要性が議論されることで自治会での予算計上が難しくなる場合もありえます。とりわけ、そうした議論においては左義長の（失われつつある）神事性がむしろ問題になることもあるでしょう。つまり、特定の宗教行事になぜ自治会費を用いるかという観点です。

また、左義長で燃やすものが今後もあり続ける確約もありません。注連飾り、門松などの正月飾りを置かない家庭が増え、置くとしてもそれらが印刷された紙をホームセンターで買ってきて貼るようなケースもめずらしくありません。神事性が失われつつある以上、それらのものを家庭ごみとして回収に出したり、取っておいて毎年使ったりするということは十分に考えられます。「その他」の記述の多くは選択した理由を補足するものでしたが、ほかに火災・延焼の心配をあげているものも2件ありました。２０１６年12月に新潟県で起こった糸魚川《いといがわ》市大規模火災が契機となり、左義長実施に慎重になったという自治会もありました。

ここで、消防や火事に関係することについて補っておきましょう。左義長がいわゆる「野焼き」にあたるかどうかという点です。「廃棄物の処理及び清掃に関する法律」は２０００年の改正で廃棄物の野外焼却、いわゆる野焼きを禁じています。同じ法律は第14条第3項で例外として「風俗習慣上又は宗教上の行事を行うために必要な廃棄物の焼却」が挙げられており、左義長はこれにあたるため、違法行為ではありません。

しかし、野焼きが一般に禁じられている上、左義長が何であるかを知らない転入者や若い世代が流入する地域では、違法行為あるいは危険行為が行われているとの誤解が生じるのは避けられないでしょう。その誤解は、通報や苦情へとつながり、地域住民間の軋轢《あつれき》を生むことで左義長の継続を困難にする場合がありえます。

関連して高橋嘉代《かよ》による興味深い一連の研究があります。高橋は仙台市の「どんと祭」について実施主体や方法の変化を紹介し、10年以上にわたり論文を発表し続けています。たとえば、高橋（２０１０）は、２０００年以降、１月15日が祝日ではなくなったことによるどんと祭への影響に着目しただけでなく、所轄《しょかつ》消防署の報告書等を用いて各地区の開催時間を抽出するという斬新《ざんしん》な手法を用いたものでした。

本書の執筆にあたり、私たちも栗東歴史民俗博物館を通じて所轄消防署に問い合わせましたが、２０１８年１月の届出件数は17件でした。これは、実際の実施件数よりかなり少ないため、消防署届出に基づく調査は取り入れませんでした。

ちなみに、住宅地のそばで火事の心配で制限・中止されるような事態に遭遇《そうぐう》したのは実は現代社会に限った状況ではありません。江戸時代の１６５０年前後にはすでにみられたことでした。このことを指摘している論文では、左義長が消滅する契機として、都市化や文明開化、あるいは大正末期の新生活運動もあげられています（宮田　１９８７）。新生活運動や生活改善運動と伝統・民俗との関連については別稿にゆずりましょう。

左義長実施の展望

以上のような課題を抱えている左義長ですが、継続について各自治会はどのように考えているのでしょうか。

［D3　左義長は今後も続けるべきだと思いますか――33件］

ともかく続けるべきだ	17件（52％）
一定の条件を満たせば続けるべきだ	9件（27％）
続けるか続けないか検討すべきだ	1件（3％）
続けなくてもよい	3件（9％）
廃止すべきだ	0件（0％）
どちらともいえない	3件（9％）

示した選択肢の順に継続の意思が強いものです。ここでは逆の順で「どちらともいえない」からみていきましょう。この選択肢を選んだ自治会は明確な理由を書いておらず、自治会長の一存では判断できないと考えたのかもしれません。続く「廃止すべきだ」は0件でした。課題はいろいろ抱えていても積極的に廃止する理由は今のところないということでしょう。それに対し「続けなくてもよい」は3件ありました。理由を書いている2件は「担当者の努力に対して参加者が少なく廃止した」、「少子化・高齢化が進み、再開は無理であると思われるため」とあります。担当になった人だけが多くの負担を背負い、ほかに準備や後片付けを手伝う人たちが集まらなかったさみしさが伝わります。いずれも消極的に、廃止もやむなしという考えです。「続けるか続け

ないか検討すべきだ」の1件は次の［D4］で見解を示しています。

正月の飾り自体が小さく少なく、又、飾りをしない家も出てきている。そうすれば左義長の意義がなくなり、実施しなくともよい。そういうことになっていくと思う。

つまり、左義長の意義が正月飾りの焚き上げにあると考え、その必要性と左義長の実施有無は連動して考えるべきだということです。ここから先は継続を前提とした意見です。

「一定の条件を満たせば続けるべきだ」の9件には、この選択肢を選んだ理由だけではなく「継続のための条件とは何か」を合わせて聞いています。条件としてあげられたのは、場所、人、竹といった［D2］の課題であがったもののほか、「消防署の届出・許可」といったものもありました。選択理由は「ともかく続けるべきだ」と似通っていますので、後ほどまとめて紹介します。

「ともかく続けるべきだ」という選択肢はかなり強い言葉であるにもかかわらず、もっとも割合が高くなりました。「ともかく」ですから条件なしでということで、続けること自体が1つの目的になっていることがわかります。では、上位2つの選択肢の選択理由からいくつか抜粋して紹介しましょう。

―　継続はあたり前。特に続けるか廃止かなどは考えていない。

―　伝統ある歴史は後世につないでいくべきである。文化遺産である。

―　文化の継続のため必要と思う。

―　地域のやるべき行事を、稲荷神社を守っていかざるを得ない。

――　地域の伝統的な風習（慣習）として、細々とであっても残し伝えていきたいものだと思います。

これらは「続いているから続けるべき」ということで、「あたり前」、「べき」という表現も出ています。

―　伝統行事の継承を通して地域社会での絆《きずな》を深める為

この見解は、伝統行事の継承そのものが目的ではなく、それが1つの手段となって地域社会での絆が深まることを指摘しています。

> 古くからの文化財的財産なので、左義長の意味をきっちりと説明し、理解してもらう事が大切。

先にあげた回答にも「文化」、「文化遺産」という言葉がありましたが、地域で続いてきた伝統であるだけではなく、何か地域としての性質を保持しているようなものとしてのイメージがあるのかもしれません。ところで「きっちりと説明し理解してもらう」べき左義長の意味とは何を指すのでしょうか。後ほどこの点についても考えてみましょう。

［D4　左義長の今後について何かお考えがあれば自由にお書き下さい――18件］

回答省略

まず、［D3］の選択理由と重なる回答をみてみましょう。

―

昔の人が熱意をもって若い人達に理解してもらう為の行動が必要か。若い人も伝統と文化と言う意味を受け止める事が必要。

―

前設問の回答で最後に紹介したものと同様に「左義長の意味の理解」の必要性を説く回答です。

―

氏子外の子どもが中心になるが、左義長や大晦日《おおみそか》～正月にかけてのお光りのおもり等で、〇〇に愛着を持ってもらえれば良いのではないか。（※〇〇は集落名）

―

子どもらの自主的な行動を促したいが、我々の育った時代背景と違い今の親の考え方も全然違うのでなかなか難しい問題です。

―

子どもたちが地域に愛着を持ちさえすれば、親の考え方さえ変われば、左義長に子どもが参加するのではないかという希望も見え隠れしています。

―

今後は左義長のサイズを小さくして安全や苦情に配慮して継続されると考えている。

今は境内が極めて小さいので、小さな小さな左義長しか出来ない。但《ただ》し、隣の民家が持ち主は遠くに出て空き家になっているので、購入を検討。買い取って、サラ地にして、境内を広げれば、もう少し、大きく、実施出来る。もう今のままで小さいままで、いくしかないかも。

規模を小さくしてでも実施したい。

今後の左義長は現実的に考えると小さくなってしまうだろうが、それでも実施していきたいという思いも複数寄せられました。

コミュニティを形成するために、古い慣習を今風に伝えられるよう創意工夫して左義長の継続を図っていきたい。

コミュニティ形成のために、慣習は役に立つのだという意識もみられます。

質問紙調査を補う視点

栗東市域における集落の変遷

ここまで多くのページ数を割いて質問紙調査の結果を詳細に示してきました。自由記述の回答についてはいくらか割愛せざるを得ませんでしたが、それでも全設問について網羅的に紹介しました。質問紙調査は、その集団（今回は栗東市）の傾向や特性を知るために行われることが多く、その場合にはどの回答が何件あったのかという量が問題になります。しかし、本章では回答件数だけではなく、回答者や集落ごとの実情や思いに近づけるように、できるだけ質問紙の余白にあった記述までも含め、質にも注目して述べてきたつもりです。

各設問の回答紹介と同時に私の説明を加えた部分も多いのでできるだけ重複は避けつつ、次の最終章「左義長と地域社会の変化」につながる補足をいくつかしておきましょう。

まず、１８８９年の旧４村成立、昭和末期の民俗調査、そして私たちの行った２０１７年度の質問紙調査という3時点における集落と左義長実施に関する状況の変遷についてです。１８８９

年の旧4村成立時には4村合わせて29の集落（4村成立前の村。4村成立により大字となった）がありました。約100年後の昭和末期の民俗調査時点では37までその数が増えていたはずです。それからわずか30年前後の間にこの数は激増し、2017年度の調査時点では123の自治会がありました。昭和・平成のいずれの合併も経験せず、人口増加と宅地造成と高い自治会組織率・加入率によってこれらの状況が生まれました。

私たちがそれぞれの集落（大字、地下、自治会）における左義長の実施有無について確認できるのは、昭和末期の民俗調査が行われた34の集落のうち、左義長についての言及がみられる31件と、2017年度の民俗調査で回答のあった99件（101自治会）です。ただし、民俗調査には左義長の記録が残っていない地域でも、質問紙調査で左義長を以前から継続していたと回答している集落は――厳密にはこの30年の間に新たに始まった可能性もありますが――、昭和末期時点の左義長有無が推測でき、これにより昭和末期時点での左義長実施有無について35件で情報が得られることになります。

旧4村成立時点での各集落（大字）で左義長が行われていたかどうかは確認できませんが、当時の29集落があったすべての地域で少なくとも1か所は昭和末期に左義長が開催される土地を含んでいます。つまり「旧4村成立時点の地区別にみると、少なくとも昭和末期までの時点で、すべての集落が左義長を一度は経験していた」ことがわかります。このことはきわめて重要です。特

左義長の地区（大字・自治会）別実施状況

	1889年	昭和末期の民俗調査			質問紙調査（2018年）		昭和末期→2018年
旧村名	地区名	地区名	調査実施	左義長実施	地区名	左義長実施	左義長実施の変遷
金勝村	御園	山入	実施	実施	山入	継続実施	継続
		辻越	実施	実施	辻越	継続実施	継続
		蔵町	実施	実施	蔵町	継続実施	継続
		中村	実施	実施	中村	継続実施	継続
	上砥山	上砥山	実施	実施	上向	継続実施	継続
					下向	継続実施	
					川南	継続実施	
					中浮気団地	経験なし	
					日吉が丘	経験なし	
					トレセン	経験なし	
	荒張	美之郷	実施	実施	美之郷	継続実施	継続
					浅柄野	継続実施	
		雨丸	実施	実施	雨丸	継続実施	継続
					ルモンタウン	経験なし	
		片山	実施	不明	片山	継続実施	継続
		走井	実施せず	不明	走井	継続実施	継続
		成谷	実施	実施	成谷	不明・未回答	継続
	井上	井上	実施	実施	井上	不明・未回答	継続
	東坂	東坂	実施	不明	東坂	継続実施	継続
	観音寺	観音寺	実施	不明	観音寺	継続実施	継続
葉山村	伊勢落	伊勢落	実施	一時再開後中断	伊勢落	過去実施	中止
	林	林	実施	不明	林	継続実施	継続
	六地蔵	六地蔵	実施	実施	六地蔵	継続実施	継続
					六地蔵団地	継続実施	
	小野	小野	実施	実施	小野	継続実施	継続
					栗東ニューハイツ	継続実施	
					赤坂	継続実施	
					北尾団地	経験なし	
					小野南	経験なし	
	手原	手原	実施	実施	手原	継続実施	継続
					手原団地	不明・未回答	
	大橋	大橋	実施	実施	大橋	継続実施	継続
					大橋住宅	経験なし	
	出庭	宅屋	実施	実施	宅屋	経験なし	継続
		出庭中	実施	実施	中	過去実施	継続
		出庭本郷	実施	実施	出庭	継続実施	
		清水ヶ丘	実施せず	不明	清水ヶ丘	不明・未回答	
	辻	辻	実施	実施	辻	継続実施	継続
	高野	小坂	実施	実施	小坂	不明・未回答	不明
					葉山団地	経験なし	
		今土	実施	実施	今土	過去実施	中止

	1889年	昭和末期の民俗調査			質問紙調査（2018年）		昭和末期→2018年
旧村名	地区名	地区名	調査実施	左義長実施	地区名	左義長実施	左義長実施の変遷
治田村	下戸山	下戸山	実施	実施	下戸山	継続実施	継続
					下戸山親交	不明・未回答	
					下戸山グリーンハイツ	経験なし	
					リバティーヒル下戸山	経験なし	
					きららの杜	不明・未回答	
	岡	岡	実施	実施	岡	継続実施	継続
	目川	目川	実施	実施	目川	継続実施	継続
					目川住宅	経験なし	中止
	坊袋	坊袋	実施	実施	坊袋	継続実施	継続
	川辺	川辺	実施	実施	川辺	継続実施	継続
					川辺住宅	経験なし	
					川辺県営住宅	不明・未回答	
					灰塚	経験なし	
					平葉	経験なし	
					川辺グリーンタウン	経験なし	
	安養寺	安養寺	実施	実施	安養寺団地	不明・未回答	中止
					安養寺一区	経験なし	
					安養寺東	経験なし	
					安養寺西	不明・未回答	
					安養寺南区	過去実施	
					安養寺北区	過去実施	
					安養寺レークヒル	不明・未回答	
	上鈎	上鈎	実施	実施	上鈎	継続実施	継続
	下鈎	下鈎	実施	実施	下鈎甲	継続実施	継続
					下鈎乙	継続実施	
					湖南平	経験なし	
					北浦団地	不明・未回答	
		蓮台寺	実施	実施	下鈎糠田井	過去実施	
		糠田井	実施	実施			
	小柿	新屋敷	実施せず	不明	新屋敷	継続実施	継続
		小柿一区	実施	実施	小柿一区	過去実施	中止
		小柿二区	実施	実施	小柿二区	過去実施	中止
					小柿三区	経験なし	経験なし
					小柿四区	不明・未回答	
					旭町	経験なし	
					日の出町	経験なし	
	中沢	中沢	実施	実施	中沢	継続実施	継続
					中沢団地	経験なし	
					中沢グローバル	不明・未回答	
	渋川						

	1889年	昭和末期の民俗調査			質問紙調査（2018年）		昭和末期 →2018年
旧村名	地区名	地区名	調査実施	左義長実施	地区名	左義長実施	左義長実施の変遷
大宝村	蜂屋	蜂屋	実施	実施	蜂屋	継続実施	継続
	野尻	野尻	実施	実施	野尻	継続実施	継続
					リソシエ栗東グランディス	経験なし	
					グレーシィ栗東エクサーブ	経験なし	
					ジオコート栗東	経験なし	
					ルネス・ピース栗東ステーションスクエア	不明・未回答	
	綣	綣	実施	実施	西浦	経験なし	継続
					円田団地	経験なし	
					綣東	経験なし	
					ウイングビュー	経験なし	
					リーデンススクエア	不明・未回答	
					ネバーランド	経験なし	
					綣南	経験なし	
					エスリード栗東	経験なし	
					綣北出	不明・未回答	
					綣南出	経験なし	
					綣七里	不明・未回答	
					綣花園	不明・未回答	
					大宝団地	経験なし	
					綣成和	不明・未回答	
					綣南橋	経験なし	
					グレーシィ栗東オーブ	経験なし	
					グレーシィ栗東ビステージ	経験なし	
					グレーシィ栗東セレージュ	経験なし	
					グレーシィ栗東デュオ	経験なし	
					サーパス栗東駅前	経験なし	
					エスリード栗東第2	不明・未回答	
					エスリード栗東駅前パークレジデンス	不明・未回答	
	苅原	苅原	実施	不明	苅原	過去実施	継続
					市川原	継続実施	
	笠川	笠川	実施せず	不明	笠川	継続実施	継続
	小平井	小平井	実施	実施	小平井一区	継続実施	継続
					小平井二区	経験なし	
					小平井香鳥	経験なし	
					小平井三区	経験なし	
					小平井四区	経験なし	
					小平井五区	経験なし	
	霊仙寺	霊仙寺	実施	実施	霊仙寺	継続実施	継続
					霊仙寺住宅	不明・未回答	
					海老川	経験なし	
	北中小路	北中小路	実施	実施	北中小路	継続実施	継続
	十里	十里東	実施	実施	十里	継続実施	継続
					美里	過去実施	
		十里西	実施	実施	明日香	経験なし	

に、２０１７年度の質問紙調査の結果だけみると「栗東市で左義長を経験したことがある集落は40％に過ぎない」という誤った結論が導かれてしまいますから注意をしなければなりません。以上の3時点における栗東市域の集落一覧と、左義長の経験有無を表にあらわしました。

「左義長の物語」の喪失

次に、民俗調査と生活史調査や質問紙調査の違いについて再確認しておきます。昭和末期の民俗調査は「民俗調査では回答者個別の思い出ではなく地域に伝わるやり方やその背景にある物語の記録が重視されるのは当然のこと」であると私は先に述べました。生活史調査・質問紙調査では「左義長という経験が個人にとってどのような意味があったのか」が明らかにされるという側面がありました。それに対し、民俗調査では「左義長という行事は地域にとってどのような物語の上にあるのか」の記録に重点が置かれています。もちろん、このこと自体が重要であり調査・記録の意義が大いにありますから、どちらの調査が優れているということはありません。

さて、民俗調査の説明で私が「物語」と繰り返しているのは、第1章で示したような左義長の意味や民俗的理解が先にあり、それらの理解を成り立たせるための説明を調査で求めているからです。具体的には、「火はどこからもらってくるのか」（→神社）、「火はどこへ行くのか」（→かまど）、「子どもが行うのは何か」（→竹、藁を集めること）などが確認されていきます。それぞれの質問は調査者がもっている知識にある「左義長という物語」が、地域別にどのようなレパートリーとして実践されているかがわかるわけです。

しかし、本章でみてきたように、こうした「左義長の物語」はすでに——回答者である自治会長たちはまだ共有しているかもしれませんが——各集落で相当に失われつつあります。物語不在で左義長の意味を説明することはどのようにして可能でしょうか。

もちろん、子ども時代の思い出を語っている大人たちも、子ども時代に「左義長の物語」を理解・共有していたわけではありません。子どもたちは当然のこととして行事に参加しており、そこで楽しさを味わったに過ぎません。その後、大人になるにつれて——特に仕事をやめて自治会活動にかかわるようになって——「左義長の物語」を知識として得ていったと考えられます。

「左義長の意味の理解を地域住民が——若い人たちが——しなければならない、そうすれば左義長はきちんと継承されていくはずだ」と思う回答者の情熱はよくわかります。おそらくそのとおりで、左義長の意味の理解を促す「左義長の物語」が今なお共有されているのであれば、左義長は子どもたちが中心となって行い、多くの参加者が集まるでしょう。しかし、私たちは調査結果から「左義長の物語」の喪失《そうしつ》をすでにみてきました。

そこで、私は研究者としての責任から次のように言わなければなりません。本書の第1章で紹介してきたような、あるいは第2章の民俗調査が前提としていたような、さらには第3章の生活史調査で語られたような旧来からの「左義長の物語」を地域住民にどれだけ説明しても、左義長が抱える課題はほとんどなくなりません。そうした旧来の「左義長の物語」によって「ともかく続けるべき」と結論を先取りしても、左義長に参加しない人たちの心はそう動きません。むしろ、どんどん心は離れていくでしょう。なぜなら、彼らは「左義長の物語」を知らないからでも理解できないからでもなく、仮に知って理解してもなお、その物語を受け入れられないからです。

もし左義長を続けることに本当に意味があると考えるのであれば、この事実を冷静に受け止めなくてはなりません。そうではなく、子どもやその親たちの理解不足を嘆くのであれば、一向に現状は改善しません。私たちは左義長を続けた方がよいのかどうか、もし続けるのであればどうしたらよいのか、次章でも議論を続けます。

コラム

左義長から問いを紡ぐ

龍谷大学社会学部3年生　玉田遼《りょう》河《が》

２０１８年5月27日に行われた日本生活学会第45回研究発表大会。その中のポスター発表の場で「滋賀県栗東市の左義長にみる民俗行事の空間的変遷」をテーマに、玉田遼河・冨永燦子・笠井賢紀の連名で発表を行いました。この発表では、質問紙調査の結果、特に左義長の実施有無とD票の地図を元に考察したものをポスターにまとめました。

空間的変遷を考察する上で、ＧＩＳソフトを用いた情報の整理に挑戦しました。ＧＩＳとは、地理的な位置情報と各地域のデータを組み合わせて、データを地図上に表示させるものです。本書98～99ページの図は、自治会の位置情報に左義長の実施有無のデータを重ねたものです。このように地図上で視覚的にデータをとらえることができます。実際に地図上にデータを表示してみると、現在左義長を続けている自治会が占める面積が実施していない自治会に比べて大きいことが見えてきました。

また、ＧＩＳ以外にも、国土地理院「地図・空中写真閲覧サービス」を用いて、年代別の空中写真を比べ、左義長場の変更の地理的要因について考察しました。以上のことを踏まえて、ポスター発表では、第1に「土地面積と左義長場の実施有無に関連性があること」、第2に「左義長場の移動には地理的要因が関わっていること」、そして第3点に「中止にいたっている自治会においてほぼすべてが左義長場の変更経験を有していること」を示しました。

発表会場では他にも複数のポスターがある中、自分たちのブースの前にも多くの方に足を止めていただきました。発表と質疑応答をしていく中で、

日本生活学会でポスター発表をする筆者たち（玉田・冨永）

研究に関する新たな視点を得ることができました。左義長の材料について、最近は民俗行事で使うものをホームセンターで買うことが増えているという指摘。左義長場を変えてまで左義長を続けようとするのはなぜなのか。など、まだまだ深めることができる内容が多いことを実感しました。

今回の学会発表を通し、栗東市の左義長の研究に関わることで、学問をする楽しさ、自分の日常の中に問いを見つけ出すことに楽しさを学びました。一つの地域のある行事だけをとっても、多くの発見があります。私たちの日常生活の中にある「当たり前」に感じているものも、見方を変えると多くの問いを見つけることができます。その問いからさらに論理的に問いを重ねていくことで学問が深まっていくのだと思います。学生として学問をする姿勢と楽しさを学ぶことができるよい機会になりました。

第5章 左義長と地域社会の変化

協力して竹や藁を束ねる大人たち（目川、2019年1月13日、筆者撮影）

左義長の意味・効果の変化

第1章で一般的な左義長について、第2章から第4章は栗東市域の左義長についてそれぞれ昭和末期の民俗調査、近年の生活史調査および質問紙調査からわかることをまとめてきました。

栗東市域全域において左義長が行われてきたものの、新しい自治会が増えたために左義長経験率は自治会ごとにみた場合には半数程度になっています。また、古くから続く集落においても、近年になって左義長をやめた自治会も少なくありません。現在も左義長を続けている自治会でも、運営主体が自明視する「左義長の物語」は、必ずしも世代を超え説得力を持つものではなさそうです。

こうした状況を踏まえると、左義長の展望についてはややもすると悲観的な結論を描いてしまいそうになります。しかしここでは過度な楽観・悲観に陥らずにいま一度、左義長が果たしている役割について整理・検討してみましょう。つまり、左義長が持ちうるいろいろな物語について個別に社会とのかかわりをみていきます。そのことを通じて、左義長を継続する必要があるかどうか考えます。

神事としての左義長

左義長を続ける理由のうち、最も正統性がありそうなことは、左義長が神事であるということです。栗東市域においても左義長は歳神《としがみ》や農耕に関する儀礼でした。神事の物語を成立させるためには、毎年、歳神を天上に送り返す必要や、豊穣《ほうじょう》を予祝する必要があります。いずれも「今年はやらなくていいや」という判断は採用しがたいものです。

では、この神事としての左義長という物語は今も説得力を持つものでしょうか。質問紙調査では、左義長の目的・意味として「正月飾りを燃やす」が最も多く選ばれたのと同時に、「神様を天上に送り返す」は回答の３割に満たないものでした。この一見矛盾する回答は、すでに述べたように「正月飾りはごみとしては処分できない」という程度の神性はかろうじて保たれているもの の、歳神にかかわる行事の一連性・物語性はすでに失われていることを示していると考えられます。

歳神をめぐる状況の変化は左義長だけではありません。歳神が各家庭に来るからこそ各人が年を取った「数え年」の風習は今や薄れ、各人の誕生日に年を重ねるのが一般的です。あるいは、正月飾りが各家庭・地域により素材から準備されるのではなくホームセンター等で購入するグッズ化していることからも、その神性の薄まりは観察できるでしょう。成人の日の変更にともなう実施日の変更も神事性の薄れを示しています。

農耕儀礼である神事としての側面は、山村地帯である金勝を除いては、農業人口が著しく減少していることから、やはり説得力を失っていると言わざるを得ません。

伝統としての左義長

次に「伝統としての左義長」がありえます。ここでいう伝統は、文化や民俗と置き換えても構いません。変化しつつも、その地域に長く続いており、その地域らしさを表す要素として確立されているものを指しています。

もちろん、なぜ左義長が伝統として続いてきたかといえば、大きな1つの理由は先にあげた神事性があるからでしょう。しかし、神事性が失われていってもなお、「昔から続いてきたから続けるのだ」という議論があります。質問紙調査で左義長をとにかく続けるべき、あるいは、続けるのが当たり前なので理由を考えたことがないという回答があったことが想起されます。

イギリスの社会学者、アンソニー・ギデンズは近代以前において、伝統は伝統であることを理由として継続したものの、近代においては伝統を継続する理由が再帰的に問われると論じました。つまり、以前の社会では「昔から続いてきたから続けるのだ」だけで継続してこられたものが、現代社会では「続いてきたからといって、なぜ続けるということになるのだ」と自分たちへの問いかけがなされるという指摘です。まさに私が本書の冒頭で掲げた「なぜこの時代に、この左義長という行事が今も全国各地で行われ続けているのか」という驚きはこうした観点からのものだったといえます。

伝統の継続に「なぜ」を問われるとやはり、まずもって神事性で答えようとしますが、そのやりとりは往々にして緊張関係を生みます。私はある地区の宮総代に左義長について聞いてみました。

――参加する人は、これを特に神送りだとかいう意味を知らなくてもいいし、別に知って来ているわけでもないけれども、儀式としてはやっぱりちゃんとやるんですね。

総代「なんとなくな。そりゃもう神様のもんやっていうのはある。たとえばお宮さんの境内に入ったような雰囲気やわ。そんなとこで不浄なことはせえへんやろ」

――餅は勝手に自分で持ってきて焼くぶんには構わないんですか。

総代「そうやな。人にもらうもんちゃうでな」

――子どもがやってきたということが変わっても左義長は成り立つけれども、たとえば日付が変わってしまうとそれは左義長として成り立たないってことですか。

総代「本来の趣旨ではないやろねぇ。まあ人間がつくったもんやから人間が変えたって理論的には構わへんもんやで。でも京都の大文字も16日にやってるやろ、あれも祖霊送りや。けど、祭日に土日に振り替えようとはしようへんわ。その方が観光客も多いかも知らんけど、しない。そらしたらあかんのやわ。それはなんとなく社会の約束事や。その地域じゃなくて日本社会の約束事や」

——藤蔓がなくなって今は針金と縄で代用してるって話があったでしょ。藤蔓とか竹とか藁とかいう使うものについては特段左義長ではこだわらなくてもいいものというか、どうなんですか。

総代「要は神送りをするのに火を天高く舞い上がらす、そのことやね。それとその日にする、14日の晩じゃないとあかんっていうことは基本やろなぁ」

——その2つのことが守れれば、細かいやり方とかは変わらざるを得ないというか。

総代「変わらざるを得んやろな。今から（担い手を）子どもにしろって言ってもあかんから」

私が「左義長では何が変わっても問題なく、何は変わってはいけないのか」がわからず、混乱しながら宮総代に質問を続けている様子がみてとれます。「子どもがやらない」ことも「藤蔓を使わない」ことも仕方ないこととして扱われるものの、「焼く餅は各家庭から持ってくること」や「左義長は14日の晩に行うこと」は約束事や基本的なこととして強いこだわりを持って語られています。この宮総代は聞き取りを行った際に「もう総代はやめる」といい「「あんなんせなあかん、こんなんせなあかん」と言ったら鬱陶《うっとう》しい存在になるだけや。ほんで結論は聞いてもらえへんねん。そんなもんや」と語りました。自身のこだわりが地域の住民にとって必ずしも受け入れやすい話ではないことを自覚しているようです。しかし、だからといってこだわりを曲げられるものではなく、当然、毎年のように「14日に行うべきかどうか」、「餅は家から持ってくるか自治会が配布するか」ということで自治会との論争が巻き起こってきました。

いかに論争が起きようとも、そのこだわりの理由——変化を認める／認めない基準——が他者には伝わらないということは、「昔から続いてきたから続けるのだ」という伝統としての左義長の物語が、説得力を失っていかざるを得ない状況を示しているといえるでしょう。

左義長を経験したことがない49件の多くは旧村時代にはなかった新しい自治会です。新しくできた自治会では、「これまで続いてきたから続ける」という理由が存在しない場合が多いでしょう（もちろん新しい自治会でも、左義長を行っている事例もあります。たとえば赤坂〔葉山〕は１９７２年に成立し、同年から左義長を始めたようです）。

正月飾りの処理方法としての左義長

ある地域では、親たちが「貴重な冬休みの時間に子どもが左義長にかかわること」に反対して、左義長を子どもが担うことがなくなり、結果として左義長が中断されました。しかし、その後「正月飾りを処理する方法がなくて困る」と自治会にクレームが入り、自治会主体で左義長が再開されることになりました。

神事を行うような一連の物語までは共有されていないものの、正月飾りに神性をみるという、神をめぐる断片的な対応はきわめて興味深いことであり、現代日本社会の特徴をよく表している事例ともいえます。

しかし、正月飾りを自分たちで作らず購入するようになり、あるいは正月飾りを用いること自体が減っていくようになると、処理方法としての左義長の物語も説得力を失っていくでしょう。あるいは、自治会が行う左義長で処理しなくとも、神社や寺の焚《た》き上げにもっていく場合もあり、現に左義長が行われていない集落ではそうした声も聞かれました。

子どもの社会化機会としての左義長

ここまでみてきた神事、伝統、処理方法という左義長の3つの物語は、いずれも地域社会に暮らす人たちの中で過去・現在に共有されたことのあるものでした。これらはいずれも「左義長はこのために続けるのだ」という理由を語る物語です。

それに対し、まだ物語化されて地域で共有されてはいないものの、左義長が果たしている役割があります。私はその点に注目して左義長をめぐる新たな物語として提示したいと考えています。つまり「左義長を続けるとこのようなことがあるのだ」という効果を語る物語です。

自治会などの地縁組織が祭事を運営することが、コミュニティの形成に役立っているという議論があります。ただし、栗東市域の左義長についてみているかぎり、左義長は以前から現在にいたるまで事前の会議・打ち合わせはほとんど必要とされず、現在においては若者・子どもなど多世代の受け皿となるようなこともありません。そのため、自治会運営などの狭い意味においては直接的にコミュニティ形成に効果を発揮しているとは言い難い状況です。左義長を立てたり資材を準備したりするにはチームワークが求められますが、経験者である大人たちが担っている集落が多いため、毎年新たに確認すべき事項は少ないのです。

とはいえ本書でこれまで述べてきたとおり、栗東市域において以前の左義長は子どもが子どもだけの社会を作って活動し、大人になるための段階の１つとして貴重な機会となっていたことを忘れるわけにはいけません。

社会学者の工藤保則は、10歳前後は他者との関係性の転換点であると述べています。10歳以後になると自分にとって重要な他者だけではなく、一般化された他者ともかかわる中で、その関係性において自分のことを意識し始めるといいます。そして、その後に続く中学生・高校生の時期は、子どもでも大人でもなく、「大人になる」ことが試行錯誤される移行期に入る前の意味のある期間として位置付けられています。工藤はその時期が「現在と将来について、地域特性の影響を受けながら、他者との相互作用により自らの姿勢を作っていく時間だと考えられた」といいます（工藤　2010）。こうして他者との関係の中で自己が形作られていく過程を「社会化」と呼びます。この観点からすると、子どもの社会化機会としての左義長の物語が浮かび上がります。これは広い意味ではコミュニティ形成にかかわる左義長の効果と言えるでしょう。

まさに、栗東市域における以前の左義長を担ってきたのは、工藤が「関係性の転換点」とした10歳前後から大人への試行錯誤に入る前の移行期間としての中学生くらいまでの子どもたちでした。以前は、この期間に触れ合う一般化された他者の中に地域の大人や先輩たちが含まれ、自分たちがどのように大人になっていくのかという手掛かりを与えていたのでしょう。しかし、栗東市域においても代々受け継がれていく農業や家業が減り、高校や、栗東市には1つもない大学への進学、そして域外の企業への就職が当たり前になっていきます。そうした中、地域の大人・先輩といった人たちを自分たちの人生の手掛かりとしてとらえるのは困難です。

左義長調査においては、子どもたちの親は「伝統文化を重視せず、自分の負担や、子の進路（勉強）にだけ興味を示す身勝手な存在」として描かれるおそれがあります。しかし、進学が当たり前になったり、自分たちの職を子が継ぐのが当たり前ではなくなったりした社会において、「冬休みは左義長の準備ではなく受験勉強にあてさせたい」と考えるのは、それほどおかしなことではないのではないでしょうか。つまり私が子どもの社会化機会としての左義長の物語を唱えても、この物語のもととなった効果が必要とされていない以上、説得力を持つとは言い難い状況です。

なお、栗東市域に限らず多くの社会において、以前は子ども社会が形成され社会化を促した地域の行事があった（たとえば地蔵盆）のではないかと思います。もちろん現在も子どもが中心となって続けられている地域もあるでしょう。

共有経験としての左義長

調査で浮かび上がってくる左義長の効果にはもう1つありました。それは、左義長が主に子ども時代の非日常経験をもたらし、参加した人びとの間に共有の思い出を形成していたことです。子どもだけで過ごす夜、その日だけ食べられる食事、皆で採りに行って泥だらけになった藤蔓、竹の高さや組む速さの競い合い、資材を盗むスリル、これらは長い年月が経っても経験した人たちの記憶に残ります。そして、高齢者になった彼らは、自治会の役員として再び左義長の準備にかかわり、子ども時代の思い出を語らいながら働きます。左義長場にみにきた人たちも、昔の左義長はもっと大きかったなどと、それぞれに懐かしみながら左義長を楽しみます。

左義長を行う方法の細かな差はあれ、栗東市域全体で小さいころから栗東市に住んでいる現在の高齢者たちは、左義長の思い出を語ることができます。このことから、共有経験としての左義長の物語が浮かび上がります。コミュニティとは、共通のものを分かち合えるような関係性で成り立つものですから、これもまた広い意味ではコミュニティ形成にかかわる左義長の効果と言えるでしょう。

しかし、この共有経験としての左義長の物語もまた、十分に受け入れられるものとはいえません。実態としてすでに共有経験になっておらず、一部の役員たちだけが準備に携わっているというのが一番大きな理由です。子どもたちは宿泊しての番をすることもなくなりました。藤蔓の調達も身体性をともなう記憶に残りやすい作業でしたが、失われていったことは今までにみたとおりです。

そして、地域よりも学校が子どもたちの共通の経験を生む場になりました。あえて集落ごとに共有経験を育むことは今や求められていません。この理由は1つ前の項目と同様です。

意味の物語と効果の物語

ここまで、左義長の意味をめぐり「神事としての左義長」、「伝統としての左義長」、「正月飾りの処理方法としての左義長」の3つ、そして左義長の効果をめぐりコミュニティ形成に資する「子どもの社会化機会としての左義長」、「共有経験としての左義長」の２つ、合計５つの「左義長の物語」をみてきました。いずれの物語も説得力を失いつつあるか、すでに失ったものとして私は描いてきました。

左義長の神事性は、伝統として左義長を続けていくための基盤であり、正月飾りを神性のあるものとして左義長で処理しなければならないという意味付けでもあるので、左義長にとってきわめて重要な要素でした。第１章で紹介したような左義長の物語はすべてここから始まっているわけですから、神事性を失いつつある今、左義長の継続が危機にあるのは言を俟《ま》ちません。私は、左義長が神送りの神事としての火祭りであるという説明を、そうとは知らない人たちにすることが無意味だとは思いませんが、同時に、どれだけ説明しても「そういうことなら必要だから頑張って継続しよう」という機運が高まるとも考えていません。左義長の神事性を成り立たせているのは左義長の準備と当日だけではないためです。

正月とは何か、年を重ねるとはどういうことか、竹や藁は生活に身近なものか、大正月をどのように過ごすか、焼けた竹を持ち帰ってくべられるかまどはあるか――そういった一連の生活とかかわりがある考え方と関連して、神事としての左義長の物語が成り立っているのですから、左義長の方法や実施日だけを守り続けても、神事性が回復するものではありません。

しかし、今や失われつつある神事としての物語も、おそらく過去数百年にわたり左義長を続けてこさせる強い力を持った物語であったことも確かです。今後、左義長を続けていくのであれば（私は困難だと思うと書きましたが）神事としての理解を地域で広めていくか、あるいは、この強い力を持った物語に代わる新たな物語が必要となるでしょう。

「伝統としての左義長の物語」も「なぜ続けなくてはいけないのか」という疑問に立ち向かわざるを得ない状況にあると説明しました。そして、その説明の中心にあった神事性が失われている以上、説得力が低いのも確かです。しかし、伝統を守る理由が明確にできないからといって即座に伝統を中止するのは早計です。続いているからこその伝統であり、一度中止してしまうと伝統としての価値は著しく減ります。将来、復活させようと思っても、左義長のように打ち合わせをほとんど必要とせず経験者の経験に頼って毎年行っている行事は、竹の組み方などの面で再現が難しいでしょう。

これら2つに対して「正月飾りの処理方法としての左義長」については、比較的簡単にあきらめてもよいように思います。個人にとっては代替の手段（神社・寺での焚き上げ）がありますし、もし神性への強い思いがあるのであれば神事としての物語を復活させればよいからです。つまり、この物語は神事としての物語に付随するサブ・ストーリーに過ぎません。

以上、左義長の意味をめぐる3つの物語のうち、私が最も重要だと考えるのは、失うと二度と戻ってこないという意味において「伝統としての左義長」でした。「神事としての左義長」は、復活できそうならしてもよいが難しいだろうという判断です。

次に、左義長の効果をめぐる２つの物語はいずれもコミュニティ形成に関するものでしたが、「子どもの社会化機会」は親たちから必要性を感じられず、「共有経験」は実態としてすでに失われていると述べました。私は、左義長を今後も継続するのであれば意味の物語ではなく、これら効果の物語を軸にして左義長のありかたを変えていく勇気が必要なのではないかと考えます。なぜなら、そもそも左義長の主役であった子どもたちにとって、左義長の意味は後付けに過ぎませんでした。子どもたちは楽しいから参加したのです。しかし、大人になるとどうしても意味の説明をしようとしてしまいます。地域社会という観点から左義長をみた場合に重要なのは、実は意味ではなく、左義長が何をもたらしうるかという効果の方なのです。

効果の物語を軸とした左義長の展望

「子どもの社会化機会」は集落によっては親たちに必要とされずに、すでに否定された物語であることはすでに述べたとおりです。しかし、地域社会にとって、あるいはこれから育っていく子どもたちにとって地域と接触することによる社会化機会は本当に不必要なものでしょうか。また、親ではなく子どもたち自身は、左義長のような「子どもだけの社会」や「非日常の体験」に憧れないのでしょうか。私は、左義長を今一度、子どもたちの社会に取り戻すことができれば、今後も長く継続する可能性があると希望を持って考えています。

しかし、そのためには、まずは多くの場合の運営を担っている自治会が子の親たちを説得しなければならないでしょう。そのとき、説得に使う物語は神事でも伝統でもありません。「神様を天上に返すために大事な行事ですから子どもたちをぜひ参加させてください」、あるいは「この地域で長く続いてきた行事ですから子どもたちをぜひ参加させてください」といった物語は、（放棄する必要はありませんが）決して親の心を動かすものではありません。神事性は後で説明し受け継がれていけば十分ですし、継続さえされれば伝統性は保たれるのです。

親たちには、子どもたちが地域と接し社会化機会を得ることや、共有経験を形成することについて理解を得ようと試みてはどうでしょうか。実際、日本政府は近年再び地域社会の力を重視し、地域社会に多くの協力を求めている状況です。特に厚生労働省が中心となって唱えている「地域共生社会」においては、人びとが互いに地域・他者の課題を他人事ではなく「我が事」としてとらえ、個々の問題への個別対応ではなく「丸ごと」対応していこうという社会像が描かれています。日本には自治会だけではなく、民生委員・児童委員や保護司を始めとして、地域社会を支える多くのボランティアが長い歴史を持って活動してきました。しかし、地域社会での社会化機会を持ったことがない人たちは、「地域への恩返し」や「先輩からの依頼」といった意識・経験を持たないため、将来、ボランティアになろうという動機が出てきづらいのではないでしょうか。

この点に関連して、社会学者の三谷《みたに》はるよが『ボランティアを生みだすもの』という優れた著作でたどり着いた結論を共有しておきましょう。三谷はボランティアを生み出すのは「社会化モデル」だと結論付けています（三谷　２０１６）。

> 「社会化モデル」が意味するものは、「利他」を発動させるためには学習のための社会環境、すなわち幼少期における大人や教育機関の果たす役割が大きいということである。人間が利他的になるとき、そこにはルーツがある。そのルーツは、その人の幼少時代や青年期までさかのぼる。

> 大きく問われるのは、後期近代社会においていかに地域での世代間交流や宗教的システムを維持できるかという点である。

あるいは、子どもたち自身に藤蔓取りや竹集めを体験してもらう場を何度も作り、まず楽しさを味わってもらうことも大事でしょう。かなり極端な例ですが、子どもたちが家々を回りお菓子をもらうという点で、ハロウィーンと方法上の共通点もありますから、部分的に行事を習合させてしまったり、あるいはハロウィーン、左義長を中心とした「子どもが家々を回る一連の行事」を子ども会の企画として作ってしまったりするという方法もありえます。この例は現実離れしていると思われるかもしれませんが、そのくらい根本的に考える必要があります。左義長を何らかの形で残せたとき、地域に多くいる左義長経験者である高齢者たちは、子どもたちにとってよき先生にもなります。

そのようにして、左義長を子ども主体の行事として復活させていけば、「伝統としての左義長」と「共有経験としての左義長」の2つの物語は自然と受け入れられていきますし、「神事としての左義長」を放棄する必要もありません。長く続いてきたからこそ、今後も長く続けたいと考える回答者たちが調査ではたくさんいたからこそ、ぜひ自信と勇気を持って左義長を変革し継続していってはどうかと願います。

解説

『栗東市の左義長からみる地域社会』に寄せて　―博物館の立場から―

栗東歴史民俗博物館学芸員　中川敦之《あつし》

栗東町史編さん事業と栗東歴史民俗博物館

1990年9月に開館した栗東歴史民俗博物館は、栗東町（当時）が1979年に実施した町民アンケートの結果をもとに、1981年9月、栗東町総合計画基本計画に歴史民俗資料館としてその建設が設定されたことを出発点としています。1986年4月には、教育委員会社会教育課に歴史民俗資料館開設準備係が設けられ、開館に向けた準備が本格化しました。

栗東町では1983年10月に栗東町史編さん事業が始まっており、歴史民俗資料館開設準備係も町史編さん室の一角に設けられていました。第2章「昭和末期の民俗調査から」で取り上げられた「栗東町民俗調査票」も、町史編さん事業の一環として実施された調査の記録ですが、すでにさまざまな分野の文化財や民俗・年中行事についてある程度の調査が進んでいたこと、また、調査の状況を把握できる環境にあったことは、歴史民俗資料館の開設に向けた準備を進める上で大いにプラスに働いたといいます。

1995年3月に町史編さん事業が終了すると、「栗東町民俗調査票」をはじめ、多くの調査記録が歴史民俗博物館に移されました。歴史民俗博物館では、栗東のさまざまな分野の文化財や民俗・年中行事に関する基礎資料となるこれらの調査記録を保管し、活用してきました。しかし、時が経つにつれ、町史編さん事業での調査記録と実際の状況との間にギャップが生じるようになっていきます。町史編さん事業での調査記録は、基礎資料としての役割を果たしつつも、過去のある時点での記録という色彩が濃くなっていったのです。

栗東歴史民俗博物館の「小地域展」

一方で、歴史民俗博物館では、開館10周年を迎えた2000年度に、新しい展示のあり方を模索する取り組みとして、「小地域展」を開始しました。これは、毎年度1つの大字の歴史や文化を掘り下げて調査し、その成果を紹介する展覧会で、現在も続いています。

「小地域展」を開催するねらいには、町史編さん事業で拾いきれなかった史料の探索や、町史編さん事業での調査記録と実際の状況との違いを把握し、現況を記録することがあります。1983年から1995年という長期間にわたって実施された町史編さん事業のように、栗東市内全域を対象とした文化財や民俗・年中行事の悉皆《しっかい》調査には到底及ばないまでも、大字単位で町史編さん事業の追跡調査を行うことが期待されてきました。

とはいえ、町史編さん事業の終了から四半世紀、「小地域展」の開始からでも20年近くが経過すると、すでに散逸してしまった史料や、行われなくなった民俗・年中行事も少なくありません。特に民俗・年中行事では、「最近までやってたんやけどなぁ」「もう今年で終わりにしよ思てんねん」といった声を聞くこともあり、この20～30年が大きな過渡期であったことを痛感します。

垣間みえる左義長への思い

今回、2017年度の質問紙調査の「D2 左義長の継続について生じている課題はなんですか」という設問で、左義長が抱える課題がいくつか明らかになりました（142～143ページ）。

これらの課題は、左義長に限らず、さまざまな民俗・年中行事について調査をする中で、多くの担い手から漏れ聞こえてくるものでもあります。生活スタイルの大きな変化によって、長年にわたって当たり前のこととして行われてきた民俗・年中行事の意味が見出されにくくなり、継続が難しくなっている現実があります。

そのような現況から考えれば、左義長は比較的多くの大字で継続されている行事である、と言えるように感じます。「小地域展」の調査では、各大字の左義長についてもうかがいます。「昔の半分くらいの大きさになってしもた」「毎年日が変わるからややこしゅうてかなわん」といった声や、担い手や材料の確保に苦労しているという話は多く聞きますが、身の丈にあったかたちでの継続が模索され、実践されているという見方もできるでしょう。

また、こちらが左義長について質問していると、逆に「こんなこと（左義長）、今でもしてるんてうちの在所（大字）くらいやろ」と尋ねられることがあります。その一言には、左義長を継続していくことの苦労と、左義長を継続していることへの自負が込められているようにも感じられるのです。

１００年前にも心を砕いた先人がいた

ところで、左義長の継続のために苦労しているのは、現在の担い手だけではありません。栗東歴史民俗博物館では、１００年前にも左義長の継続のために心を砕いた先人がいたことがわかる史料を収蔵しているので、ここで紹介します。

なお、この史料は『栗東の歴史』第5巻「資料Ⅱ」にも「栗東町有中村芳郎家文書」として掲載されています。

左義長場所変更ニ付
許可御願
栗太郡治田村大字下鈎
従来ノ慣例ニ依リ、左義長行事之義毎年吉月拾五日午前七時、字袂道路辻ニ於テ執行致シ来リ候処、昨年来、如何之都合カ公設電話線ニ障害ヲ来候ニ付、今回協議之上同大字・字森ノ東道路空地エ変更致度候間、何卒実地御検査之上御許可相成度、別紙略図相添、此段御願申上候也
執行取締方法
地方青年者ノ責任トシ、左義長組立は廻リ五、六寸ノ成竹弐拾本計ニシテ長サ七尺ニ切断シ、藁三束計リヲ中ニ入レ、執行時間ハ午前七時ニ信号二ツ打三回ヲ合図トシ火ヲ付ケ、吉時間以内ニ火ヲ消ス事ヲ定法トス
栗太郡治田村大字下鈎
区長代理
中村喜右衛門㊞
大正六年
吉月　日
滋賀県
草津警察署御中

この史料は、大正6年(1917)に、大字下鈎が左義長を実施するにあたって、従来の場所からの変更を届け出たものです。その背景として、前年に左義長を実施した際に、公設電話線に障害を来たしたことが挙げられています。別の史料によると、大字下鈎では、大正5年(1916)に左義長を実施した際に、13本の電話線を切断してしまい、39円99銭の復旧費を支払っています。このことから、翌年の左義長に際しては、協議の結果、従来の場所から変更することとなったのです。

現在、多くの地区では、左義長を継続していく上で「担い手が不足している」「開催に適した場所がない」「ワラ・タケ・フジヅルが用意できない」といった課題が生じています（142～143ページ）。しかし、こういった課題が生じるという可能性は、数十年前の左義長を知る人たちの多くにとっては、想定していなかったことなのではないでしょうか。

同じように、100年前の人たちにとっては、当時最先端の通信技術であった電話の線を切ってしまったがために、左義長の場所を変更せざるを得なくなるという事態が想定外のものであったことは想像に難くありません。当時の人たちがどのような協議を経て場所を変更することにしたのか、今となっては知ることはできませんが、左義長が時代に応じた変革を行いつつ、現在に受け継がれてきたことを物語る事例と言えるでしょう。

「栗東市の左義長に関する調査」への協力を経て

博物館（学芸員）による調査では、左義長を含めた民俗・年中行事に限らず、どのような分野であれ「正確さ」や「意味付け」が重視されます。そういう意味では、本書で述べられている左義長を今後も継続するのであれば、意味の物語ではなく、これら効果の物語を軸にして左義長のありかたを変えていく勇気が必要なのではないかと考えます。なぜなら、そもそも左義長の主役であった子どもたちにとって、左義長の意味は後付けに過ぎませんでした。子どもたちは楽しいから参加したのです。

しかし、大人になるとどうしても意味の説明をしようとしてしまいます。地域社会という観点から左義長をみた場合に重要なのは、実は意味ではなく、左義長が何をもたらしうるかという効果のほうなのです。
(179ページ)

という左義長の継続に向けた提言とは、相反する立場であるということになるのかも知れません。このような立ち位置の違いから、2017年7月に龍谷大学社会学部の笠井賢紀准教授からのお申し出により「栗東市の左義長に関する調査」に協力することとなった当初、栗東歴史民俗博物館では、アンケート調査という手法への戸惑いや、十分な数のご回答を得られるかどうかという懐疑的な見方があったことを告白しておきます。

結果として、「はじめに」でも述べられているように、アンケート調査には全自治会の8割以上からご回答が寄せられました。これだけの回答率にいたった理由には、すでに2016年度の生活史調査によって、目川・岡という限定的な地域とはいえ、左義長を調査した経験を持たれていたことに加えて、「栗東町民俗調査票」を精査し、過去の左義長について理解を深めた上で、アンケートを組み立てられたことが挙げられるでしょう。そして、社会学を専門領域とする研究者と歴史系の博物館という、あまり例のない組み合わせで協力して実施した調査で、本書にみられるような充実した内容の調査結果を得られたという事例は、大学と博物館の連携のあり方の新たな可能性を提示しているのではないでしょうか。

繰り返しになりますが、博物館(学芸員)による調査では、「正確さ」や「意味付け」が重視されます。左義長をはじめとした民俗・年中行事を継続していく上で、本書での提言にあるような効果の物語を軸とすることの有意性は認識するにしても、そのときどきで「正確さ」や「意味付け」を調査記録として残しておくことが博物館(学芸員)の使命であると、この調査を経て改めて感じました。「栗東町民俗調査票」が30年のときを経て重要な役割を果たしたように、それらを重視した調査記録は、さまざまな物語が語り紡がれていく土台になるものであると信じています。

末尾になりましたが、調査にご協力くださった

多くの自治会の皆様方に御礼申し上げるとともに、栗東町史編さん事業に携わり、「栗東町民俗調査票」を残してくださった先輩方にも感謝の意を表したいと思います。

おわりに

左義長が続いてきた理由

本書のきっかけとなった私の驚きは「なぜこの時代に、この左義長という行事が今も全国各地で行われ続けているのか」ということでした。この驚きを抱いたということは、私が「左義長などという非合理的なものを続ける理由が本当にあるのか」という疑念を抱いていたということは率直に認めなければなりません。しかし、自分にはわからないものを非合理的だと決めつけてかかわらないのではなく、自分にはわからない理由がそこに潜んでいるのではないかと考える、調査から明らかにしようと試みるのが社会学者の仕事です。

さて、この問いの形を持った驚きに本書で紹介してきた調査と考察から答えてみましょう。全国各地で左義長が今も続いているのは、「これまでも長く続いてきた行事であると人びとが信じており、かつ、左義長自体が、左義長を継続する基盤となるコミュニティの形成に貢献してきたからだ」といえるでしょう。コミュニティの形成は広い意味でとらえる必要があります。左義長の場合には、子ども時代の経験が地域社会を支えるボランティアとなる大人たちを生むのに影響を与えてきただろうということから考えると、その年の左義長だけではなく数十年後に効果が花開くような性質を持っています。

栗東市の左義長からみた地域社会

本書は「栗東市の左義長から地域社会をみる」ことを掲げて始まったので、どのようにみたのか説明しましょう。

栗東市は全国的に有名な左義長が開催される土地ではありませんが、市域成立時点の全集落で左義長が行われていたと推測され、今なお左義長を続けている集落が3分の1を占めます。左義長を経験したことがないのは、ほぼすべてがこの数十年内に成立した地域です。栗東市の左義長を3つの調査の結果を用いてみたことで、左義長の意味・効果をめぐる5つの物語を見出すことができました。

しかし、いずれの物語も社会・生活様式の変化の影響を色濃く受け、今や説得力を失いつつあることもわかりました。たとえば、左義長に用いる資源である竹・藁・藤蔓などは以前は農業を中心とした生活の身近にあったものですが、今では生活との距離が大きいものです。また、大人になったら地域社会に戻ってくるという前提も強くは残っていません。

そうした中で、子どもが中心となって行ってきた左義長は、他の行事同様に自治会へと移行されていきました。栗東市の自治会は高い組織率・加入率を誇るだけではなく、質問紙調査への高い回答率や丁寧な回答内容からもみえるように、地域社会への熱意にあふれる役員たちが担っていることがわかります。

過去の調査を活かす

本書は、私が驚きを解き明かす過程を詳《つまび》らかに記述してきました。これは、読者が自身の地域社会について同じように調査することができるはずだという信念からです。この観点から、各章の調査について若干の補足をしておきましょう。

第2章で紹介した昭和末期の民俗調査は、当時多くの調査員が丹念に各地区を回り丁寧な記録を残したおかげで成り立っています。調査員だった人たちはその後もさまざまな地域の調査に携わり、現在でも専門の調査員や大学に所属する研究者として活躍されています。本書は『栗東の歴史』編纂を経て役割を終え、博物館に大切に保管されていたその記録を再活用したものです。おそらく全国各地で地誌編纂のために膨大な民俗調査が行われたはずです。その結果として編纂された地誌は一定の閲覧・利用が達成できていると思われますが、基となった調査の原記録にはあまり光があてられてこなかったのではないでしょうか。

「市井の人」の声に耳を傾ける

第3章の生活史調査で訪ねたのは郷土史家だけではなく、特に左義長を中心的に担う立場の人だけでもありませんでした。いわゆる「ふつうの人」「市井《しせい》の人」に協力を願いました。「私には左義長のことはよくわからない」という人も当然いますが、「正しさ」ではなく「経験」を知ることも地域社会の調査では重要なことです。

話を聞くときには、私たちがあまり「正しさ」を追い求めないように注意が必要です。細かな事実確認や、「正しい左義長」との差異の確認を始めてしまうと、それに答えられない場合に語り手が委縮し、経験の語りも薄れてしまうからです。調査者が知っている左義長について聞くのではなく、語り手が経験した左義長に聞くという姿勢が重要でしょう。

取り返しがつかない調査

第4章の質問紙調査は、他の2調査を最大限活用したものです。市域の全自治会に特定の民俗に関する調査を質問紙で行うというのはめったにない機会です。本書でも設問が不十分だった点は率直に記しましたが、そうした失敗があってもやり直しはできません。そのため、何度も過去の調査を見返して設問を作り、作った設問に自分が自治会長になったつもりで回答してみるなどさまざまな行程を経ています。

また、回答率があまりに低いと、本書のような調査に基づく成果物を適切にまとめることが困難になります。すでに述べたように、私の質問紙は回答率が低くなるだろうと市からの指摘が事前にあったこともあり、不安も抱えていましたが、市の協力もあって十分な回答を得ることができました。今回のような調査の場合、特に自治会が相手ですので行政がきちんとかかわるということも信頼性を高めるうえで重要なことです。

今回、栗東市は単に調査票を配布するだけではなく、栗東歴史民俗博物館が窓口となって自治会長からの回答に際しての質問に個別に対応したり、調査票への助言を私たちに送ったりと高い水準の連携を図ってくれました。この背景には、栗東市と龍谷大学とが包括連携協定を締結しており、この調査も協定に基づく連携事業として正式に位置付けられて行ったものであることが関係しています。

なお、回収した質問紙の入力・整理や、調査結果に基づくGISソフトでのデータ制作には、「コミュニティマネジメント実習」(栗東まちづくりプロジェクト)の受講生である玉田遼河さんと冨永燦子さんが協力してくれました。

成果の公表と応答

栗東市の左義長と地域社会に関する私の研究は、本書が1つの集大成です。そのため、本書にいたるまでにいくつかの機会で報告し、その際に得た助言・質問・批判などを基に、それらにできるかぎり応えるよう努めて本書を執筆しました。

報告したのは次の機会です。

- 笠井賢紀（2017）「左義長に生活様式の変化をみる―栗東市目川・岡地域を事例として―」日本生活学会第44回研究発表大会
- 笠井賢紀（2018）「滋賀県栗東市における左義長の変遷について―昭和末期の民俗調査との比較を通じて―」日本生活学会第45回研究発表大会
- 玉田遼河、冨永燦子、笠井賢紀（2018）「滋賀県左義長に見る民俗行事の空間的変遷」日本生活学会第45回研究発表大会
- 笠井賢紀（2018）「滋賀県栗東市の左義長調査に見る意味空間の変遷―地域社会論の視点から―」龍谷大学里山学研究センター2018年度第3回研究会

自治会の熱意に応えて

本書の中心となる質問紙調査は栗東市内の自治会からの回答がなければ成り立ちませんでした。

実は、回答が集まるまでの間、私は「左義長は現実的に考えると、今後失われていく民俗だと結

論付けざるを得ない」と考えていました。今でも「神事性や伝統性にこだわり、これを前面に押し出すのであれば継続は困難だろう」という考えに変わりはありません。しかし、本書では最後にあえて、具体的な実践例も出しながら「左義長を継続するためには」という観点で提言も書きました。

その理由は、回答の自由記述欄や余白への回答者たちの熱意ある記述によって心が動かされたためです。質問紙調査の最後、D票の［Z（通信欄）］における記述をいくつかご紹介します。

単なる実態調査だけで終わらず、良い方法、手法があれば、よろしくお願い申し上げます。笠井先生ご苦労様です。

他自治会の実施／非実施の情報を是非知りたい。よろしく。一報下さい。

笠井先生は、○○［自治会名］の状況は理解していただいていますが、○○の歴史、文化（行い講、御田講、その他）を紹介したく思います。時間がありましたら、一度見に来て下さい。

また、調査の過程を詳らかにし、読者自身が地域社会の調査をできるようにと記述に工夫したのも、自治会の熱意に応えたかったからです。ぜひ、自治会でも自分たちの集落について「過去の調査」と「聞き取り」と「質問紙調査」、そして各種文献を用いた調査に挑戦してみてください。また、特に生活史調査については、子どもたちに取り組んでもらうと、その調査自体が、左義長同様に子どもたちが地域社会とつながる非日常的な共有経験になるのではないでしょうか。

私が初めて左義長に参加したのは2013年1月のことでした。生活史調査でもお世話になった目川・岡の両集落にそれぞれうかがいました。その後も毎年のように両地区での左義長に行きました。その際、竹を伐ったり藤蔓を掘り出したりする作業もご一緒しました。そうした中、地区によって左義長実施の方法やこだわりが違うことに関心をもちました。また、本書冒頭に示したように語りに左義長がよく出てくることへの驚きがありました。

私の驚きをときあかす旅には、多くの皆さんがつき合ってくださいました。まず、上田正和自治会長を始めとする目川の皆さんと、吉永義則自治会長を始めとする岡の皆さんに深く感謝申し上げます。生活史調査（第3章）にも両地区の皆さんにご協力いただきました。

民俗の調査が専門ではない私にとって、この分野での研究を進めることには若干のためらいもありました。そこで背中を押してくれたのは、この研究が日本生活学会から「生活学プロジェクト」（2016、2017年度）として採択されたことです。日本生活学会ではプロジェクト採択、学会報告での助言のほか、ウェブサイトのコーナー「日本生活学会の100人」で、私のことをご紹介いただきました。その際にも左義長の研究について語られています。

そして、この研究は栗東市の協力なくしては実現しませんでした。日ごろから私たちの活動に理解を示し、ご協力くださっている野村昌弘市長を始め栗東市役所の皆さんにも感謝申し上げます。解説を書いてくださった栗東歴史民俗博物館（教育委員会）は、民俗調査の調査票を開示し、自治会長に質問紙調査（第2章）の依頼もしてくださりました。それだけではなく、自治会長からの問い合わせに応じたり、自治会境界線図を作成・提供くださったりしました。また、昭和末期の民俗調査をされた諸先輩にも感謝しています。

私が所属する龍谷大学、特に社会学部コミュニティマネジメント学科にも感謝しています。学生と私が地域に出て行う研究・活動を物心両面で支援してくれました。私事ながら私はこの3月に龍谷大学を退職し他大学に移ります。それでも学科はこの本を買い上げ、学科の科目「コミュニティマネジメント実習」の成果として活用くださるとのことです。

この本は栗東市と龍谷大学とともに滋賀県で7年間過ごした私の多くの思い出が詰まったものです。栗東市、龍谷大学の両者の名前が表紙に載る書籍になったことを心から嬉しく思います。そうした私の思いもくみ、退職に間に合うように迅速かつ丁寧に編集の作業をしてくださった担当編集者のサンライズ出版・岸田幸治さんのおかげで本書を皆さんの手に届けられるようになりました。

※この書籍の出版に際し、クラウドファンディングのプラットフォーム「FAAVOしが」のプロジェクト「栗東市の左義長（どんど焼き）に関する本を出版したい！」で出資を募りました。本書脱稿の時点でプロジェクト期間が終了していないのでご支援いただいた金額・件数は書けませんが、多くの皆さんにご協力いただきました。この場を借りてお礼申し上げます。

主要参考文献

阿部祥子・小川信子（１９９６）「子どもの生活と地域（二）――地蔵祭りを通して」『生活学』21巻、41―96頁。

小川直之（２０１４）「正月行事」小川直之・服部比呂美・野村朋弘編著『暮らしに息づく伝承文化』藝術学舎、15―24頁。

岸政彦（２０１８）『マンゴーと手榴弾―生活史の理論―』勁草書房。

ギデンズ、アンソニー（１９９３、松尾精文・小幡正敏訳）『近代とはいかなる時代か』而立書房。

工藤保則（２０１０）『中高の社会化とネットワーク―軽量社会学からのアプローチ―』ミネルヴァ書房。

櫻井靖久（２０１５）「宮中における「左義長」考：徒然草一八〇段「さぎちやう」と「ほふじやうじゆ」について」『立教大学日本文学』１１３、16―27頁。

高橋嘉代（２０１０）「平成20年代初頭における仙台市内「どんと祭」の開催時間帯の特徴」『東北宗教学』６、25―51頁。

竹山和弘（２０１８）『まちを楽しくする仕事―まちづくりに奔走する自治体職員の挑戦―』水曜社。

永山久夫（１９９４）「もち（餅）」西山松之助ほか著『たべもの日本史総覧』新人物往来社、１０６―１０７頁。

服部比呂美（２０１０）『子ども集団と民俗社会』岩田書院。

三谷はるよ（２０１６）『ボランティアを生みだすもの―利他の軽量社会学―』有斐閣。

牧野眞一（２００６）「祭りと年中行事」谷口貢・松崎憲三編著『民俗学講義―生活文化へのアプローチ―』八千代出版。

宮田満「年中行事消滅の契機について――東京地方のサイノカミの祭りを事例として――」『みずくらいど』５、2―17頁。

和崎春日（１９８７）『左大文字の都市人類学』弘文堂。

■著者略歴

笠井　賢紀（かさい・よしのり）

1983年　北海道出身

龍谷大学社会学部准教授。

専門は地域社会論、質的社会調査法。

著書

『基礎ゼミ社会学』工藤保則・大山小夜・笠井賢紀編著（2017年、世界思想社）

その他、論文多数。

栗東市《りっとう》の左義長《さぎちょう》からみる地域社会　別冊淡海《おうみ》文庫26

2019年3月5日　第1刷発行　N.D.C.361

著　者　笠井　賢紀

発行者　岩根　順子

発行所　サンライズ出版株式会社

〒522-0004 滋賀県彦根市鳥居本町655-1

電話 0749-22-0627

印刷・製本　サンライズ出版

ISBN978-4-88325-193-3　Printed in Japan　定価はカバーに表示しています。

乱丁・落丁本はお取り替えいたします。

淡海文庫について

「近江」とは大和の都に近い大きな淡水の海という意味の「近（ちかつ）淡海」から転化したもので、その名称は「古事記」にみられます。今、私たちの住むこの土地の文化を語るとき、「近江」でなく、「淡海」の文化を考えようとする機運があります。

これは、まさに滋賀の熱きメッセージを自分の言葉で語りかけようとするものであると思います。

豊かな自然の中での生活、先人たちが築いてきた質の高い伝統や文化を、今の時代に生きるわたしたちの言葉で語り、新しい価値を生み出し、次の世代へ引き継いでいくことを目指し、感動を形に、そして、さらに新たな感動を創りだしていくことを目的として「淡海文庫」の刊行を企画しました。

自然の恵みに感謝し、築き上げられてきた歴史や伝統文化をみつめつつ、今日の湖国を考え、新しい明日の文化を創るための展開が生まれることを願って一冊一冊を丹念に編んでいきたいと思います。

一九九四年四月一日